TOKYO UNIVERSITY OF SCIENCE

東京理科大学
坊っちゃん
科学シリーズ

5

青年よ理学をめざせ

東京理科大学物語

東京理科大学出版センター 編

馬場 錬成　著

東京理科大学

東京書籍

東京物理講習所（のちに東京物理学校）を創設した16人

氏名（読み方）
①生年月日
②出身地（または生誕地）
③東京大学理学部仏語物理学科卒業年
④物理学校創設時〈明治14（1881）年〉の年齢
⑤死亡年月日（享年）
※一部、不明な部分があります

中村恭平（なかむら・きょうへい）

①安政《あんせい》2（1855）年5月21日
②田原《たはら》藩（愛知県）・士族
③明治11（1878）年［1期生］
④26歳
⑤昭和9（1934）年1月21日（78歳）

寺尾　寿（てらお・ひさし）

①安政2（1855）年9月25日
②福岡藩（福岡県）・士族
③明治11（1878）年［1期生］
④25歳
⑤大正12（1923）年8月6日（67歳）

桐山篤三郎（きりやま・とくさぶろう）

①安政3（1856）年10月26日
②長崎県士族
③明治13（1880）年［3期生］
④24歳
⑤昭和3（1928）年5月20日（71歳）

中村精男（なかむら・きよお）

①安政2（1855）年4月19日
②長州藩（山口県）・士族
③明治12（1879）年［2期生］
④26歳
⑤昭和5（1930）年1月4日（74歳）

高野瀬宗則（たかのせ・むねのり）

①嘉永《かえい》5（1852）年9月22日
②彦根《ひこね》藩（滋賀県）・士族
③明治12（1879）年［2期生］
④28歳
⑤大正4（1915）年4月3日（62歳）

桜井房記（さくらい・ふさき）

①嘉永5（1852）年8月15日
②加賀藩（石川県）・士族
③明治11（1878）年［1期生］
④29歳
⑤昭和3（1928）年12月12日（76歳）

玉名程三（たまな・ていぞう）

①文久《ぶんきゅう》元（1861）年4月27日
②長崎県士族
③明治13（1880）年［3期生］
④21歳
⑤昭和12（1937）年11月6日（77歳）

鮫島　晋（さめじま・しん）

①嘉永5（1852）年
②高田藩（新潟県）・士族
③明治12（1879）年［2期生］
④29歳
⑤大正6（1917）年12月9日（65歳）

難波　正（なんば・ただし）

①安政6（1859）年4月12日
②岡山県士族
③明治12（1879）年［2期生］
④22歳
⑤大正9（1920）年12月21日（61歳）

千本福隆（せんぼん・よしたか）

①安政元（1854）年5月24日
②野村藩（岐阜県）江戸屋敷・士族
③明治11（1878）年［1期生］
④27歳
⑤大正7（1918）年10月30日（64歳）

谷田部梅吉（やたべ・うめきち）

①安政４（1857）年４月
②秋田藩（秋田県）・士族
③明治 12（1879）年［2 期生］
④ 24 歳
⑤明治 36（1903）年８月20日（46 歳）

信谷定爾（のぶたに・さだじ）

①安政３（1856）年12月17日
②生実《おゆみ》藩（千葉県）の江戸屋敷・士族
③明治 11（1878）年［1 期生］
④ 24 歳
⑤明治 26（1893）年11月9日（36 歳）

保田棟太（やすだ・むねた）

①安政３（1856）年８月３日
②大分県平民
③明治 13（1880）年［3 期生］
④ 25 歳
⑤大正８（1919）年６月28日（62 歳）

三守　守（みもり・まもる）

①安政５（1858）年４月20日
②徳島藩（徳島県）
③明治 13（1880）年［3 期生］
④ 22 歳
⑤昭和７（1932）年１月27日（73 歳）

和田雄治（わだ・ゆうじ）

①安政６（1859）年９月４日
②東京府平民
③明治 12（1879）年［2 期生］
④ 22 歳
⑤大正７（1918）年１月５日（58 歳）

三輪桓一郎（みわ・かんいちろう）

①文久元（1861）年３月12日
②東京府平民
③明治 13（1880）年［3 期生］
④ 20 歳
⑤大正９（1920）年2月1日（58 歳）

創設メンバー16人の出身地

まえがき

外国との交流を禁じていた江戸時代の鎖国政策をやめて、外国からの文化の移入を始めた明治政府は、欧米から多くの「お雇い外国人」を招いて日本の若い青年たちに西欧の知識の普及を図ろうとしました。

明治11（1878）年12月、その当時日本で唯一の大学だった東京大学の理学部仏語物理学科から5人の若い青年が卒業していきました。21歳から26歳までの青年たちで、日本で初めての理学士を授与された人たちでした。仏語物理学科は、主としてフランス語で物理学を学ぶ学科であり、その後3回の卒業生、合計21人を世に出して学科は廃止となりました。

卒業した青年たちは、学校の教師や役人になりましたが、このうちの16人がお金を出し合って夜学の物理学校を創設しました。昼は学校や役所に勤務し、夜になると物理学校にきて物理や数学などを教えたのです。今の時代で言えば、理数系の塾でした。

当時日本は、欧米から大きく立ち遅れていました。ヨーロッパで産業革命を起こした蒸気機関をジェームス・ワット（1736〜1819年）が実用化したのは1776年であり、日本は江戸時代、第10代将軍徳川家治《とくがわいえはる》の治世でした。1870年代、アメリカでは電話が発明され、イギリスのロンドンではすでに地下鉄が走り、バッキンガム宮殿が威容を誇っていました。パリにはナポレオン1世（1769〜1821年）が建てたエトワール凱旋《がいせん》門《もん》がそびえ立ち、きらびやかな洋服を着た淑女や紳士が馬車に乗っている光景が見られました。日本ではまだ着物にちょんまげを結った人が見られ、長距離を移動するにも船に乗る以外は、歩くかせいぜい馬に乗るのが最大の交通手段でした。

仏語物理学科を卒業した青年たちは、欧米から大きく立ち遅れている日本の実情を知るにしたがって、日本は理学の普及なくして欧米に追いつくことはできないと考えるようになっていきました。フランス語で習った理学の知識を今度は自分たちが日本語で日本の青年たちに教えてやろうと決心したのです。自分たちは国のお金で教育を受けたので、その恩をお返ししようという気持ちがありました。

この物語は、東京理科大学の前身である東京物理学校を明治初年につくった16人の20歳代の若者たちの生涯をたどったドキュメンタリー物語です。近代化に遅れていた日本にとって「理学なくして発展はありえない」とする青年たちの熱いおもいと、目的に向かってしゃにむに行動を起こした若き情熱が、日本で初めての理学を教える私塾をつくらせたのです。

物理学校は、創立されたころから「入るのは簡単だが出るのは難しい」との評判が定着し、入学式や卒業式には教育界の大物が出席して祝辞を述べるので有名でした。また夏目漱石《なつめそうせき》（1867～1916年）は、物理学校の創設者で第3代校長となった中村恭平《なかむらきょうへい》や熊本の第五高等学校に勤務していた桜井房記《さくらいふさき》と親しく付き合っており、小説『坊っちゃん』の主人公は物理学校卒業とするなど当時から話題になりました。

青年たちの情熱がつくった物理学校の伝統は時代を超えて連綿と続き、今の東京理科大学の歴史へとつながってきました。その情熱の物語を書き残したいと思います。

2013年7月吉日

馬場錬成《ばばれんせい》

青年よ理学をめざせ

——東京理科大学物語——

目次

第1章　黎明期《れいめいき》の物理学校

第2章　物理学校の基盤を固めた16人の同志たち

第3章　山川健次郎《やまかわけんじろう》と同志たちの友情

第4章　教室を転々と変えながらの学校経営

第5章　社会に役立つ人材育成をめざす

第6章　寺尾寿《てらおひさし》が日本で初の数学教科書を刊行

第7章　第2代校長に引き継いでさらに発展

第8章　地方の貧乏教師として一生をささげた鮫島晋《さめじましん》

第9章　大正時代の物理学校

第13章　伝統を引き継いだ戦後の東京理科大学

巻末　物理学校の創設前後から発展の歴史

第1章 黎《れい》明《めい》期《き》の物理学校

全国から集められた英才たちのエリート教育

日本で最初の私立理学学校である東京物理学講習所が創設されたのは明治14（1881）年のことでした。講習所と名前を付けましたが、今なら物理や数学を教える夜間の塾でした。この塾をつくったのは、明治11（1878）年から13年までの3年間に、日本で唯一の大学だった東京大学の理学部仏語物理学科に在籍した学生OBの21人でした。仏語物理学科というのは、ヨーロッパから日本へ来ていた外国人の先生からフランス語で物理や数学を教えてもらう学科だったのです。

江戸時代の日本は、長い間鎖国政策をしていたため、外国からの学問がほとんど入ってきませんでした。明治維新になってから外国の学問を入れるようになり、ヨーロッパとアメリカから多くの先生が招かれて日本へ来ました。そのような先生たちを「お雇い外国人」と言っていました。

仏語物理学科は間もなく廃止され、3年間に在籍した学生は合計22人でしたが、そのうちひとりは卒業直後に肺結核で死亡し、物理学校を創設したのは中退者2人を含む21人でした。その後自分たちでお金を出し合って物理学校の基礎をつくった人は16人です。仏語物理学科で学んだ学生の出身地は全国に散らばっており、いずれも郷土の代表として東京に送られてきた秀才少年ばかりでした。

明治政府になって間もない明治3（1870）年、政府は欧米に追いつくために欧米から多数の外国人教師「お雇い外国人」を招き、青少年に外国の学問を学ばせることにしました。お雇い外国人は日本語ができません。英語、フランス語（仏語）、ドイツ語などで教えるのですが、教えてもらう学生は、外国語が分からないと教育になりません。そのため明治新政府は、全国の藩主に向かって学問に優れた若者を東京へ出すように命令し、各藩から選ばれた秀才少年たちが、東京神田の学士会館の裏手にあたる神田錦町《にしきちょう》に新築された寄宿舎に入れられて猛勉強をさせられたのです。一種の英才教育でした。まず外国語の特訓をし、その中から成績のいい若者を東京大学へ進学させたのです。この全寮制の教育制度を貢進《こうしん》制度と呼び、選ばれた生徒を貢進生と言いました。

貢進生宿舎の生徒数は当初310人いましたが、このうち成績のよい約130人が東大の前身である大学南校（開成校）に進学することが許されました。お雇い外国人から習うため英語、フランス語、ドイツ語などが理解できる学生たちが進学したのです。明治11（1878）年から3年間の仏語物理学科の卒業生のうち、9人がエリート教育を受ける貢進生制度の学生として東京大学の前身である大学南校に進学してきた若者たちでした。

仏語物理学科へと進学した学生たちは、フランス語で理学を勉強しました。在学当時から、自分たちがフランス語で教えられた理学の知識は、大学を卒業した後に日本の青年たちに広く日本語で教えようと、ことあるごとに話し合っていました。フランス語でなければ学ぶことができない理学を、いかにして多くの若い学生たちに教えていくか、いつも話し合っていたのです。西欧から日本に入ってきた学問は、国家の近代化を進めるためには、どうしても必要な学問であることを彼らは見抜いていたのでした。

物理学の黎《れい》明《めい》期《き》をになった22人

彼らが学んでいた重力、電気、熱学、光学、数学などは、いずれも物事や自然現象の根本的な理論であり、また現象を理解するものでした。今日のように、理学、医学、工学などといった学問領域はまだありませんでした。教科書はおろか、教える日本人教師もいなかった時代です。お雇い外国人に教えてもらった知識を後輩たちに日本語で伝えることが大事だと学生たちは考えていました。自分たちは国のお金で教えてもらったのだから、その恩返しをしたいという強い志があったのです。

　仏語物理学科の学生は、いつしか上級生が兄貴のような存在になり、勉強の上でも

■学問領域の分類の一例

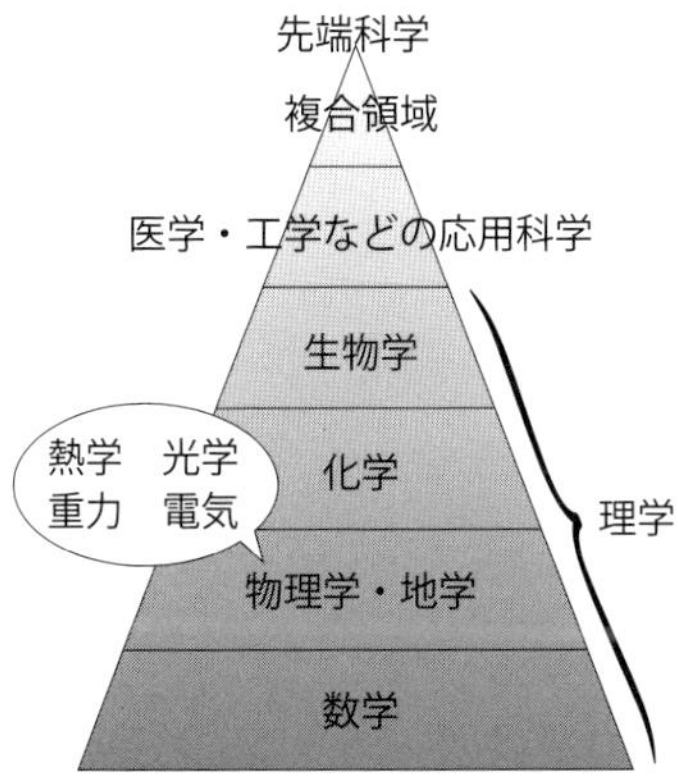

（作成：小野田淳人）

上級生が下級生を教えるという行動が自然とできるようになっていました。その学生たちの中でも、一目置かれていたのが寺尾寿《てらおひさし》でした。

寺尾は福岡藩（福岡県）出身で、幼少のときから記憶力抜群の才能を現し、藩内では麒《き》麟《りん》児《じ》と言われていました。当時、特に才能のあるすぐれた少年を麒麟児と呼んでいました。寺尾は18歳で上京してすぐに横浜の高島学校に入学しました。高島学校は高島嘉右衛《たかしまかえも》門《ん》が明治4（1871）年に開校した語学を中心とした私立の学校です。ちなみに高島は高島易断《えきだん》の創始者でもあります。すでに英語、オランダ語などの初歩を修学していた寺尾は、そこで初めてフランス語の初歩を習い、瞬《また》く間にフランス語をマスターしていくのです。そして明治12（1879）年7月、東京大学理学部仏語物理学科を首席で卒業して日本で初めての理学士を授与され、直ちにフランスに留学します。寺尾と一緒に日本で初の理学士となった同期生には、桜井房記《さくらいふさき》、千本福隆《せんぼんよしたか》、信谷定爾《のぶたにさだじ》、中村恭平《なかむらきょうへい》の4人がいます。寺尾と合わせてこの5人が、日本の理学の黎明期をになった秀才たちでした。

桜井は、加賀《かが》藩（石川県）の武士の家（士族）の生まれであり、明治3（1870）年、

18歳のときに貢進生となり、その後大学南校に入学してきました。千本は東京府江戸外桜田の戸田氏の藩邸で生まれました。幼少のころから才知に富んだ子供として認められ、漢学、馬術、剣術を学んで明治3年17歳のとき、戸田氏の野村藩（岐阜県）の貢進生となり大学南校に入学してきました。

信谷は下総《しもうさ》（千葉県）生実《おゆみ》藩の藩士の長男として江戸の藩邸で生まれ、幼少のころから漢籍（中国の書物）を学んだのです。明治2（1869）年13歳で開成学校に入学してフランス語を修学し、翌3年に藩の貢進生となり大学南校に入学してきました。中村は三河《みかわ》（愛知県）の田原《たはら》藩の藩士の家に生まれ、明治3年に貢進生となって大学南校に入学してきたのです。

このように5人は当時の社会でも非常に恵まれた特権階級の子弟であり、幼少のときから教育を受けていたのです。理学普及への意気込みが学生たちの間で本格的に論議されるようになったのは、仏語物理学科の2期生7人が進級してからでした。

2期生の中で異色だったのは高田《たかだ》藩（新潟県）の藩士の子弟で貢進生となった鮫島晋《さめじましん》で

した。理学の教師となって日本列島を転々とする数奇な運命をたどる人物であり、島崎藤村《しまざきとうそん》（1872〜1943年）と親交を結んでたびたび藤村の作品にモデルとなって登場する異色の理学士でした。

そのほかの2期生を紹介しましょう。中村精男《なかむらきよお》は長州《ちょうしゅう》藩（山口県）、高野瀬宗則《たかのせむねのり》は彦根《ひこね》藩（滋賀県）、谷田部梅吉《やたべうめきち》は秋田藩（秋田県）のそれぞれ貢進生であり、岡山県の難波正《なんばただし》、東京府の和田雄治《わだゆうじ》、広島県の豊田周衛《とよだしゅうえい》もまた郷土代表として東京で高等教育を受けた秀才たちでした。

3期生は、大阪府の貢進生である小林有也《こばやしゆうや》をはじめ8人が在籍します。このうち塩田仁松は、肺結核で卒業後まもなく病没します。それを追うように澤野忠基もまた肺結核で帰らぬ人になるのです。残された同期生は6人になりますが、いずれも日本の旧制高校や大学、公官庁の幹部として後年活躍することになるのです

仲間意識で固まっていた物理学の学徒たち

1期生、2期生の卒業時期は、わずか半年しか離れていないこともあって、この12人は気持ちの上では同期生のような仲間意識がありました。

「わしらは、卒業後も広く理学の普及に貢献しなければならない。それがこれまでお国から受けたご恩へ報いることだ。どうすればいいか、みんなで考えていくことだ」

学生の間ですでにリーダー格になっていた寺尾は、学生が集まれば持論を語っていました。物理学を教えるといっても、様々な実験器具、装置がなければ実際にはできません。フランスの物理学は特に実験を重視しており、教師も学生たちもその伝統を受け継いでいました。初歩的な物理学を理解するには実験が大事なのです。

寺尾たちは最初、街頭で演説会のような会を開催し、広く理学の知識を普及しようと思い立ちました。これにもっとも熱心だったのは、秋田県から出てきた谷田部梅吉《やたべうめきち》でした。谷田部は、秋田弁のなまりを持った言葉で話をするのですが、これがかえって説得力を持つことがあるのです。風貌《ふうぼう》は田舎育ちに似合わず都会的であり、洋服の着こなしは仲間内では随一との評判でした。彼が街頭に立って演説をすれば、たちまち評判をとるのではないかという計算もありました。

しかし、薩摩長州を中心とする明治新政府に対して不満をいだく人たちも多く、政府は街頭で活動することを禁止していました。慶応《けいおう》3（1867）年、日本は徳川幕府の築いた江戸時代が終わり、朝廷に政権を返還する大政奉還が行われ、新政府は明治維新に踏み出しました。そして翌年、元号を明治としたのです。ところが政治、社会システムはまだ安定しておらず、彼らが大学を卒業した直後の明治14（1881）年当時、憲法も国会も内閣もまだ存在していませんでした。封建制度から脱却し身分の差別は表向きなくなりましたが、国家のあり方、国のカタチを模索している時代だったのです。

物理実験の器具貸し出しがカギになる

学生とOBたちは街頭演説で理学の普及をめざそうとしましたが政府が認めないので、ほかの方法はないものかと思案していました。そのとき学生のおもいを最も理解したのは東京大学理学部教授の山川健次郎《やまかわけんじろう》(1854~1931年)でした。山川は明治12(1879)年に25歳で日本人として初めて物理学教授になった若手の学者であり、理学部ではただひとりの日本人教授でした。山川はドイツ、アメリカ留学を体験しており、日本で理学を普及させることが必要なことを誰よりも知っていたのです。

山川の授業の薫陶《くんとう》を受けている学生たちに、この意志が伝わらないわけがありません。大学を卒業した後も、先輩や大学の「つて」を頼って街頭演説による理学普及を根強く訴えていたのですが、どうしても政府から街頭演説を認めてもらえません。もはや打つ手もなくなったあるとき、学生OBたちはかつての大学の教室に集まってきました。これからの普及活動をどうするか相談するためです。寺尾寿と難波正はこのときすでにフランスに留学しており、中村恭平は卒業するとすぐに長崎師範学校の教官として赴任していたのでこの席にはいませんでした。

集まった面々はいいアイデアも浮かばず、繰り返しの議論になっていました。桜井房記らの第1期生はもとより、第2期生の中村精男、鮫島晋、高野瀬宗則らも在学中から理学普及のやり方をめぐって何回も議論してきました。夜半になるころには、職場から駆けつけた仏語物理学科3年間のOBのほとんどの顔が出そろったのです。

「文部省は、学校と同じように夜に学生を教室に集めて講義することは、手続きさえとれば認めるという。これしかないと文部省は言っている」

東京師範学校の教諭となった桜井房記がこう説明しました。集まった面々はうなずいて聞いています。昼は勤めに出て夜に教育活動をするという案は、最初から出ていた意見でした。物理学の講義をすることは、街頭演説に比べれば実質がともなった活動であり、教えるほうも張り合いがあります。

「問題は、実験器具をどうするかだ。これがないことには満足な授業は無理だな。かといってこれを買うことは不可能だ」

桜井の言葉もまた、いつもの繰り返しでした。重力、電気、光学などの講義に使用する実験器具は、すべてフランス、ドイツ、イギリスなどからの輸入したものであり、どれもこれも目の玉が飛び出すほど高価なものでした。官費で購入するからこそ、そろえることができたのです。もし高価な実験器具を東京大学から借りて使うことができれば、授業をできないことはないのですが貸し出すはずがないのです。万策《ばんさく》尽きて集まったＯＢたちが押し黙っていると、廊下を通りかかった人物に何人かが気がつき、あわてて立ち上がって黙礼しました。山川健次郎でした。山川は教室の後ろのドアから半分体を入れた姿勢で「何を話し合っているんだ」と明るい声で問いかけました。

桜井が立ち上がり、自分たちの計画を説明しました。

「山川先生、もし大学の実験器具を借り出すことができれば、我々は授業ができるのです。借りたらその日のうちに戻すことはもちろんであり、万一、実験器具を破損するようなことがあれば、完全弁償は言うまでもありません。私は幸い大学に残っている身分ですから、責任をもってやらせたいと思います。そのようなことを認めてくれることはできませんでしょうか」

同志たちの眼は、いっせいに山川に向けられていました。その眼光は懇願するというよりも、一つの目的に向かって突き進む若者特有のエネルギーを宿していました。その炎に山川の心が動いたのです。

「よし、分かった。わしの一存では決められないので、加藤綜理《かとうそうり》（総長）に説明して許可が下りるように相談してみよう。しかしなにぶんにも難しい案件だ。実現するかどうか保証の限りではないができるだけやってみよう」

加藤綜理とは東京大学第2代総長の加藤弘之《かとうひろゆき》（1836～1916年）のことです。山川の言葉に、おもわず全員が立ち上がって最敬礼しました。

それから数カ月後の明治14（1881）年3月のある日の夜です。夜間の物理学校を設立するために、いつものメンバーが東大理学部の教室に集まっていました。東大から実験器具を借り出すめどはまだ立っていませんでしたが、ともかくも自前で教科書をつくり、講義だけでも行おうと科目やその内容の話で論議をしていたのです。そのとき教室の後ろから教授の山川健次郎が入ってきました。全員が立ち上がり、山川に敬意を表して会釈《えしゃく》をしました。

山川は柔和《にゅうわ》な表情を浮かべ、一枚の半紙を一同に差し出しました。桜井房記がうやうやしく受け取って読み始めると、仲間たちの視線も一枚の紙に集まってきました。山川が言いました。

「加藤綜理と談判して、このような規則になった。諸君の熱意が綜理に伝わったものだ。これからしっかりした設立趣意書をつくり、綜理の期待にこたえてくれたまえ」

この紙の冒頭に「器械貸付規則」と大きく墨で書かれています。東大の授業で使用している実験器具を外部に貸し出す規則を書いたものでした。冒頭にある第1条の文言を読んだ瞬間、この規則は間違いなく物理学講習所を創設しようとしていた、卒業生たちの要望にこたえてつくった規則であることが明確に分かったのです。

第1条　理学士にして10人以上結社して学校を創設せんとする者は、願いにより理学器械の貸付を許すことあるべし。

当時、日本人で理学士を与えられたものは、東京大学理学部仏語物理学科を卒業した22人だけでした。卒業直後に1人が死亡し2人は中退扱いだったので実際に理学士となっているのは19人です。「理学士10人以上が結社して、学校を創設せんとするものの願い」とあれば、それは自分たちだけを指す文言です。この規則は、物理学講習所の創設のためにつくられたものであることは明らかでした。

「先生、有難うございます。これはたいへんな規則です。国からこのような特別のご許可をいただき、一同心よりお礼を申しあげます」

代表して桜井がお礼の言葉を述べると、同志たちがいっせいに立ち上がって頭《こうべ》を垂れて謝意を表しています。谷田部や鮫島が唇《くちびる》を噛《か》んで感激をこらえています。他の同志たちも、山川に向かって何度も頭をさげています。そのとき山川は弱冠28歳の少壮の教授であり、

■東京物理学講習所を創設した21人

（明治14［1881］年9月11日）

	氏名	年齢	昼間の勤め先
明治11年12月卒業	寺尾　寿	理学士　25歳	フランスに留学中
	桜井房記	理学士　29歳	東京師範学校教諭
	千本福隆	理学士　27歳	文部省専門学務局
	中村恭平	理学士　26歳	長崎県師範学校教諭
	信谷定爾	理学士　24歳	東京大学理学部助教授
	赤木周行	中　退　24歳	不明
	加瀬代助	中　退　24歳	不明
明治12年7月卒業	中村精男	理学士　26歳	内務省御用掛
	鮫島　晋	理学士　29歳	東京女子師範学校教諭
	高野瀬宗則	理学士　28歳	駒場農学校教諭
	難波　正	理学士　22歳	フランスに留学中
	谷田部梅吉	理学士　24歳	東京大学予備門教諭兼幹事
	和田雄治	理学士　22歳	内務省技師・気象観測業務
	豊田周衛	理学士 年齢不明	肺結核療養で広島県に帰省
明治13年7月卒業	三輪桓一郎	理学士　20歳	東京大学御用掛
	三守　守	理学士　23歳	東京女子師範学校訓導
	玉名程三	理学士　20歳	東京大学理学部で気象観測
	桐山篤三郎	理学士　24歳	東京大学理学部助教授
	保田棟太	理学士　25歳	文部省御用掛
	小林有也	理学士　26歳	農商務省勤務
	澤野忠基	理学士　21歳	文部省教科書検定係

卒業生たちはいずれも25歳前後の学徒であり同年輩でした。これから国を背負って立とうとする気概は共通のものであり、意気投合するものがあったのです。理学普及をめざす物理学校の開設は、陰《かげ》から支えた山川健次郎と理学普及に燃える同志たちによって、大きな第一歩をこうして踏み出したのでした。

実現に踏み出した物理学教室の開講

明治14（1881）年6月13日、「郵便報知新聞」に「東京物理学講習所設立広告」という広告が掲載されました。「郵便報知新聞」は、もともとは日本の郵便制度を創設した前島《まえじま》密《ひそか》(1835〜1919年)が発行していた新聞で、前島が大隈重信《おおくましげのぶ》(1838〜1922年)ひきいる立憲改進党に参加すると同時に同党の機関紙となったのです。購読者は知識人が多いので、理学に興味を持った人が応募することを期待して掲載した広告でした。広告文は漢語が多く、今では読解することが困難ですが、その内容は大略次のようなものでした。

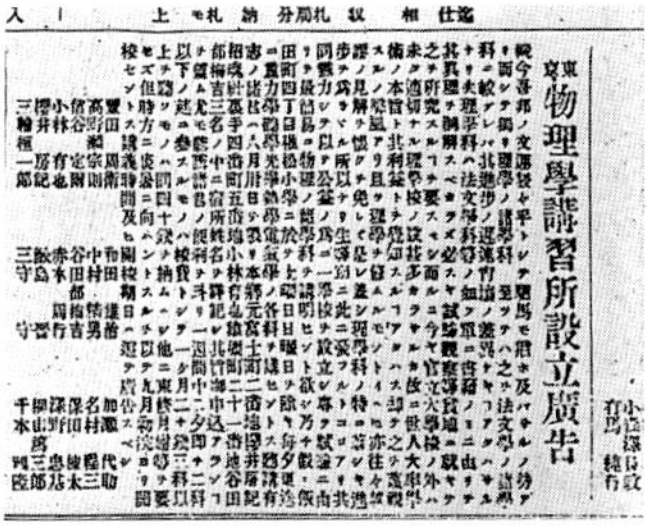

郵便報知新聞に掲載された東京物理学講習所の設立広告（左）
郵便報知新聞（右）

理学の諸学科は、法文学科と違って単に書物だけで真理を理解することはできません。かならず試験観察など実地の研究をするべきものです。いま官立の大学以外には適切な理学校がないために、世の人々は学術の本当の意味と利益を理解できず、さげすむ風潮さえあります。

理学の著しい進歩と公益のために学校を設立し、試験による物理学講義をするため、飯田町《いいだまち》4丁目の稚松《わかまつ》小学校で、土日を除く毎夕、重力学、聴学（音に関する物理学）、光学、熱学、電気学の科目を講義します。

聴講希望者は6月30日までに本郷元富士町《ほんごうもとふじちょう》2番地の桜井房記、招魂社《しょうこんしゃ》裏手4番町5番地の小林有也、猿楽町《さるがくちょう》21番地の谷田部梅吉宅に、住所氏名を書いた申込書を持参してください。

この後に同志の名前を連署しました。東大仏語物理学科を中退した2人と留学中の2人、長崎県在住の1人を含む同志たちは、ついに念願の東京物理学講習所の創設へと走り出したのです。

第2章 物理学校の基盤を固めた16人の同志たち

小学校の教室を借りて授業始まる

明治14（1881）年9月11日、東京物理学講習所は、東京府麹町《こうじまち》区飯田町《いいだまち》4丁目の稚《わか》松《まつ》小学校の教室を借りて開校しました。郵便報知新聞に設立広告を出してから、フランス留学や長崎県への赴任で参加できない3人を除く18人は、ほとんど毎日のように集まっては開校の準備を始めていました。昼はそれぞれ役所や大学などに勤務しているので、夜に集まるよりありません。

何を教えるかその教科、カリキュラムについてみんなで話し合っていました。教室の確保と東京大学理学部から借り出す実験器具類をどのようにして運び、終わったらどうやって元に戻すのか。文部省や東京府、神田区などには、開校を告げた後も必要に応じて手続きを済ませないと何かとうるさく言ってくる心配があります。板垣退助《いたがきたいすけ》（1837〜1919年）らをリーダーとする自由民権運動が高まり、人が集まることには政府の厳しい監視が入っていたからです。

最初は1期生の桜井房記《さくらいふさき》がまとめ役になっていましたが、所長の名を役所に届け出るときになって谷田部梅吉《やたべうめきち》にしたのです。桜井は間もなく留学に出る予定になっていたことと、当時、東京大学予備門の教諭兼幹事を務めていた谷田部が打ち合わせ会場の手配や仲間の連絡の中継点になっていたので、所長は谷田部にという意見でまとまったのです。

教える科目は39ページの別表のように、物理学、数学を入れたものであり、現代の理学の講義でも立派に通用するような内容になっていました。授業は土日と祝祭日は休み、5月1日から9月30日までは午後5時半から3時間、10月1日から4月30日までは午後4時半から3時間としていました。開校時の授業料は、選択する科目数によって30銭から60銭までとなっていました。

当時の物価を見ると、お汁粉が3銭、アンパンが1銭、駅弁が5銭などとなっています。現在の物価に換算すると、1銭は100円程度と換算できるので、1カ月3000円から6000円くらいでしょう。現代の感覚で言えば割安だったのです。このように安い授業料になったのは、授業を受け持つ教師はすべて無給と定めたからでした。生徒から集めた授業料は、教室の賃貸料、実験器具を借用した際の運搬料、学校運営上の諸経費に費やされ、教えた教師は無料で奉仕したのでした。物理学校を創設した若き学徒たちは、自分たちで理学の普及を図ろうとする高い志を持っていたので、給料をもらうことなど最初から考えていませんでした。自分たちが国から受けた恩をこの活動で返そうという理想に燃えていたのです。

学生の定員は80人としましたが、入学試験はしないですべて希望者は入学させ、その代わり卒業する基準は厳しくすることにしました。試験に合格しなければ単位を認めず、一定以上の単位を取得しなければ卒業を認めない制度にしたのです。物理学校のこの規則はきつく守られ、簡単に入学できても卒業はきわめて難しいという伝統をつくっていったのです。

学校の運営費は、すべて生徒から徴収した授業料でまかなうのですが、不足した場合は「教員一同で出し合って補充する。残金が出た場合は積み立てて、実験器具、書籍などを購

■東京物理学講習所学科課程表

<table>
<tr><th colspan="2">学科＼学期</th><th>毎週
教授時間</th><th colspan="2">学年は 9 カ月と 10 日間とし教授日数は 191 日</th></tr>
<tr><td rowspan="7">物理学</td><td>重力学</td><td>1 時間半</td><td colspan="2">物理総論、重力論、秤、液体均整論、比重の測定、細毛管引力、気体均整論、気体縮性諸則、気体の混合、気体抽出及び逼入器械、水筩及び移水管、液体の流出など</td></tr>
<tr><td>聴学</td><td>1 時間半</td><td colspan="2">音の発生、音の広衍、音の広衍理論、音の強度及び高さ、度楽律、弦の震動、管の震動、音色、條の震動、板及び膜の振動、楽器、耳</td></tr>
<tr><td rowspan="3">電気学</td><td rowspan="3">1 時間半</td><td>静電気</td><td>総論、吸引及び拒反、電気の配分及消失、感動に依って起こる電気、起電器、験電器、聚積電気、電気に係る諸現象、空中電気</td></tr>
<tr><td>磁気</td><td>総論、地球の磁気、起磁法</td></tr>
<tr><td>動電気</td><td>総論、電池、電池の作用、磁針上電流の作用、電流の強弱、電流に依って起こる磁気、伝信機、流電相互の作用、感動電流、熱電流</td></tr>
<tr><td>熱学</td><td>1 時間半</td><td colspan="2">総論、験温論、固体膨張論、気体膨張論、変態論、熱量論、伝導論、発生論、熱源論、熱の実用、測候論</td></tr>
<tr><td>光学</td><td>1 時間半</td><td colspan="2">光の説、光の速度、回光、屈折、波動論、曲面鏡、光器、分光、光の透過、光の発生、収消、光線の変化、間阻、極光、単軸晶体の双屈折、楕円状の波動、波動面の回転、光に関係する気象など</td></tr>
<tr><td rowspan="5">数学</td><td>算術</td><td>3 時間</td><td colspan="2">四則、分数、小数、比例、開平、開立</td></tr>
<tr><td>幾何</td><td>1 時間半</td><td colspan="2">平面、立体、常用曲線、近世幾何学大意</td></tr>
<tr><td>代数</td><td>1 時間半</td><td colspan="2">四則、第一乗方程式第二乗方程式級数、対数、ニュートン二項式、聯数</td></tr>
<tr><td>質問</td><td>1 時間半</td><td colspan="2">数学に係る生徒の諸質問を受く</td></tr>
<tr><td>通計</td><td>15 時間</td><td colspan="2">学科 8</td></tr>
</table>

入する資金とする」と定めました。このように教師となった同志たちは、自分のことよりも学校の運営を最優先に考えていたのです。

東京物理学講習所が開校した明治14（1881）年当時、東京の慶応義塾《けいおうぎじゅく》と京都の同志社《どうししゃ》が代表的な私立大学としてすでに開校していましたが、理学教育をめざしてはいませんでした。日本の社会全体が法文系に眼が向いており、法学系の教育のほうが教員も学生も確保できて経営上は安泰《あんたい》だったからです。そういう中で理学だけに授業内容を絞った夜学の物理学校は、異彩を放っていました。

東京物理学講習所の開校の日、明治14年9月11日、稚松小学校に集まった生徒は20人ほどでした。何枚か貼り合わせて大きくした紙に、「東京物理学講習所開校式次第」と墨で書いた紙が教室の前に張り出されました。冒頭の祝辞は「東京大学理学部教授　山川健次郎《やまかわけんじろう》」とあります。山川は物理学講習所の開校までの幾多の困難を乗り越えるときの相談相手になり、大学の理学部で使っている物理の実験器具の貸し出しに一役買って開校を実現した最大の理解者でした。

　このときの科目をみると物理学は、重力学、聴学、電気学、熱学、光学の5教科に分け、1教科を3人のOBで担当することになっていました。教室は小学校の一室を借りたものなので椅子や机のサイズは、小学生に合わせてあります。大人が座ると全体的に手足を縮めた格好で座っているので疲れてきます。当時、電灯はまだ普及していないのでランプの明りを頼りに勉強していました。その日使用する実験器具は、一ツ橋にあった東京大学理学部から借り出されてきます。夕方になると、車夫の格好をした2人の男が理学部を訪れ、指示された器具を借り出して天秤《てんびん》でかついだり、戸板に乗せて物理学講習所まで運ぶのです。授業が終了すると、その日のうちに返却します。この実験器具の借り出しと返却は、雨の日も雪の日も、生徒がいようといまいと関係なく、毎日、繰り返されたのです。

　物理学講習所を開校した当初は、20人の生徒がいました。物理学校の方針として合格点を超えない生徒は卒業させないという方針がありました。試験をして一定の点数を超えないものには落第点を与え、次に進めることは許さないのです。門戸は広く開けても、卒業は困難という物理学校の伝統はこうして築かれていったのです。だから勉学に燃えて入学してきてもひとり減り2人減りとなって、残った生徒はとうとうひとりになってしまったこともありました。

そのひとりになった生徒は、浅村三郎《あさむらさぶろう》でした。浅村は、明治19（1886）年に東京職工学校（現在の東京工業大）機械科を卒業し、海軍省の技手として艦政局に勤務しましたが、同20年に初代特許局長であった高橋是清《たかはしこれきよ》（1854〜1936年）に招かれて特許局に入りました。そのころ、特許という権利がどのようなものか、発明とは何を言うのかほとんどの人に理解されていませんでした。このため、ばかでかい饅頭《まんじゅう》をつくって特許として申請したり、仁王様がはく下駄をつくって特許として申請してきた人もいました。

浅村は一般の人々が特許を理解していないので、自分は民間に転じて一般の民衆に発明や特許とはどのようなことなのか正しい知識を普及することが大事だと考えたのです。浅村は明治23（1890）年に特許局を辞《や》めて東京特許代言社を設立しました。特許局に出願する特許案件の内容を代理で行う代理業の日本での第1号でした。現代の特許事務所であり、浅村は日本の弁理士第1号でした。ところが依頼者はほとんどありません。1年間続けましたが営業として成り立たなくなり、場所を大阪に移して大阪特許代言社を開業します。しかし大阪でも顧客はほとんどいませんでした。そこで日本銀行に勤めながら営業を続けました。時間をつくっては工場を回って発明案件を探しました。有望な新規事業の創立に協力し、特許がどのようなものであるかを教えながら顧客を増やしていきました。

物理学校でたったひとりの学生になってもがんばって学んだ浅村三郎（写真右）。初代専売特許局長・高橋是清に請われて特許局に入り、生涯を通じて特許制度の普及に活躍する。
（浅村内外特許事務所提供）

こうして浅村は、後年、日本でも有数の特許事務所へと育て上げたのです。浅村が東京物理学講習所の生徒になったのは、明治15（1882）年でした。浅村は明治16（1883）年に東京職工学校に入学するまで、物理学講習所で物理と数学を学んだのです。

ある冬の夜、雪がこんこんと降っている日でした。高野瀬宗則《たかのせむねのり》は勤務先の駒場《こまば》農学校から1時間以上も雪の中を歩いて神田の学校まで来ました。しかし教室はがらんとして生徒はひとりもいません。それでまた雪の降る中を農学校まで引き返していきました。

「このような状態では学校はもはや続けられんな」という弱音も出てきましたが、多くの同志たちの間には、初志を貫かなければならないという決意に似たものがみなぎっていました。明治14（1881）年9月に開校しましたが、その年の暮れには神田区錦町《にしきちょう》の大蔵省簿記講習所の建物の一部を借りて移りました。さらに翌明治15（1882）年には、本郷区元町の進文舎《しんぶんしゃ》を借りて転居しています。このように転々と教室を借りているうち、同志たちは自前の校舎を持ちたいと強く思うようになっていきました。間もなく神田区今川小路《いまがわこうじ》に土地を見つけ、ここに小さいながらも自分たちの教室を建てることになったのです。同志たちがお金を出し合って、初めて自分たちの教室を持ったのです。

寺尾寿《てらおひさし》がフランス留学から帰国

明治16（1883）年の春、桜の開花が日本列島を南から北へと移っていたころです。黒煙をなびかせ、むせび泣くような汽笛を鳴らしながら、一隻《せき》の大きなアメリカ航路の船がゆっくりと横浜桟橋《さんばし》に近づいてきました。フランス留学を終えてアメリカ経由で帰国してきた寺尾寿は、長い船旅の疲れも見せず甲板の手すりから身を乗り出しながら、岸壁に集まった黒山の出迎え人の中から仲間たちの顔を探していました。

寺尾は、東京大学仏語物理学科を首席で卒業すると、すぐにフランスへ留学しました。パリ大学を拠点に、天文学をはじめ近代物理学と数学を丸4年間貪欲《どんよく》に学び取り、多くの知識を修得して5年ぶりに帰国したのです。勉学へ取り組む熱心さと集中力は、周囲のフランス人研究者も舌を巻くほどであり、抜群の成績を認められて外国人としては異例の速さで「Licencié ès Sciéncea Mathématiques（理学士）」の学位を取得しました。27歳にして寺尾は、日本とフランスの両国で理学士として認められたのです。

寺尾は黒山の群集の中から仲間の姿を見つけると、ちぎれるばかりに手を振りました。東京物理学講習所の所長である谷田部梅吉《やたべうめきち》を中心に中村精男《なかむらきよお》、高野瀬宗則、鮫島晋《さめじましん》らの姿が見えます。寺尾と同期の信谷定爾《のぶたにさだじ》もいます。20歳代後半の青年たちばかりですが、どの顔にも物理学に取り組む気概があふれていました。

「物理学校は、うまくいっているのか」これが、船から降りた寺尾の第一声でした。東京物理学講習所が正式名称だったのですが、そのころから誰もが「物理学校」と言うようになっていました。物理学校を創設したのは、2年前の郵便報知新聞に掲載した設立広告にはじまりますが、そのとき寺尾はフランス留学中でした。しかし寺尾は、設立後の経過を日本との手紙の往復で大略知っていたのです。

日本の郵便制度は明治4（1871）年から始まり、明治10（1877）年には万国郵便連合に加入し、外国との郵便のやり取りが始まっていました。開校から1年後の明治15（1882）年の6月、イギリスを回ってフランスへ留学してきた桜井房記《さくらいふさき》からも、その後の経過を詳しく聞いて知っていたのです。桜井と寺尾は、パリで再会して語り明かしたことが何度もありました。話題の中身は当然、ヨーロッパ文化と日本との差であり、物理学の進展であり、そして2人の話はかならず、日本の発展は理学なくして実現できないことへと進んでいきます。それから決まって、理学の普及と自分たちが設立した物理学校の話になったのです。

桜井は、嘉永《かえい》5（1852）年、石川県の加賀藩邸で生まれましたが、12歳のときに父を亡くしたために藩から支給される禄高《ろくだか》が減り、貧しい生活の中で育ちました。母親が3人の子供を育てるために苦労したのを見ている房記は、勉学に励むことでその苦労に報いようとしたのです。明治3（1870）年に藩から選ばれて貢進生《こうしんせい》となって開成学校（後の東大）で学び、フランス語を修学しました。第1期生の卒業生の中で最年長でした。明治6（1873）年6月、開成学校の開業式が行われ、明治天皇（1852~1912年）が臨席したとき、桜井は仏語諸芸学科を代表して物理実験を行う栄誉に浴しているのです。桜井は留学する際に、2期生である谷田部梅吉に所長の任を託し、谷田部は新しいリーダーになったのです。

「ともかくもご無事でご帰朝され、まことにめでたいことであります。先輩のご帰朝を一日千秋の思いで待っておりました」

仲間の先頭に立って出迎えた谷田部が、秋田なまりでこう言いました。物理学校は設立して運営をしているものの苦難の連続であり、もはや存続困難という状況が何度もありました。桜井から引き継いだ谷田部は、そのたびに寺尾先輩が一度も見ることなく物理学校をつぶしてはならないと仲間たちに訴えながら、必死の努力で持ちこたえてきたのです。

寺尾の帰朝祝賀会が開かれ、寺尾の口から眼を見張るようなヨーロッパの発展と学問の進展ぶりが次々と報告されていきます。初めて見るパリのエリゼ宮、オペラ座、マドレーヌ寺院、凱旋門《がいせんもん》といった巨大で瀟洒《しょうしゃ》な建築物には、腰をぬかさんばかりに驚いたというのです。そしてシャンゼリゼ大通りには馬車と人があふれ、垢《あか》ぬけた洋服に身を包んだ紳士と淑女たちが、パリ文化の絢爛《けんらん》さを競っていました。日本の国情とは、あまりに違いすぎていました。

学問に眼を転じても、フランス、ドイツ、イギリス、アメリカなどで電気、磁気、光学などの分野で次々と新しい観測結果や科学法則が発見され確立されていったのもこの時代でした。非オーム性物質の非対称性（カール・ブラウン）、輻射熱《ふくしゃねつ》の全エネルギーは絶対温度の4乗に比例する熱輻射の実験測（J・ステファン）、重力場の分布関数（L・ボルツマン）らの成果が次々と発表されていました。アメリカでは電話交換が始まり、フランスでは水力発電が始まり、ドイツ人のシーメンス（1816～1892年）が初めて電車を動かす実験に成功していました。発明王エジソン（1847～1931年）が発熱電球を発明したのもこのころです。

ヨーロッパと日本の文化と学問、社会発展の格差に、聴き入る同志たちは驚くことばかりでした。寺尾の報告は、これからの日本の建学には物理学を始めとする理学こそが基礎になる学問であることを繰り返し主張し、そして理学の普及がなければ、とうてい西洋文化に追いつかないことを強調しました。小柄な寺尾の体からあふれる気迫に、同志たちは身じろぎもしないで聴いていました。

この年の夏、寺尾帰国後は誰言うとなく同志のリーダーは寺尾に移っていきました。フランス帰りの物理学者を前面に出していけば、ますます物理学校の評判は高まるに違いありません。帰国した寺尾は、すぐに東京大学理学部で星学（天文学）と数学を担当する講師になり、翌明治17（1884）年6月には弱冠28歳で教授に昇格します。1歳年上の山川健次郎とともに、日本の物理学界を引っ張るリーダーとして育っていったのです。

その年7月に寺尾が議長役になって物理学講習所改革総会が開催されました。そこでもう一度、物理学校を続けるかどうかが真剣に話し合ったのです。生徒がたったひとりになったときもありました。これでは生徒からの授業料だけでは経営できません。

「経営の危機は存分に承知した。しかし理学普及を旗印にして物理学校をつくった我々の志をここで挫折させてはならない。みなの意見を聞きたい」

寺尾がこう言うと真っ先に応じたのは、寺尾と同期の千本福隆《せんぼんよしたか》でした。千本は士官学校の代数学の教官をしており、間もなくフランス留学へ出ることになっていました。

「何よりも存続させることに意味がある。経営費用が不足することは目に見えているが、ここは費用を極力抑える運営をしながら、存続することを第一義として考えるべきだ」

文部省に勤務していた鮫島晋《さめじましん》は、いつも酒気を帯びている「のん兵衛」で通っていましたが、生徒に教える情熱は人一倍であり一本筋が通ったことを言うことで一目置かれていました。

「確かにみなで不足した費用を負担するのはたいへんなことだ。しかし、官庁や他のものに費用で面倒を見てもらうと、かならずいろいろと干渉を受けることになる。あくまでも独立自尊を固持するためにも、不足費用は我々で負担して頑張っていきたい」

教師たちが一斉《いっせい》にうなずきました。理学普及は誰にも干渉されず、あくまでも自分たちの意志と方針と経営で貫くという独立自尊の精神が教師たちの心の中に確かな基盤となって固まっていきました。

明治16（1883）年9月、開校から3年目に入ろうという節目に、東京物理学講習所は新たに東京物理学校と改名し、初代校長に寺尾寿を満場一致で選出しました。ここに日本で初めて「物理学校」を名乗る専門学校が誕生しました。

寺尾が大学を卒業した当時、立身出世の思想が世を風靡《ふうび》し、青年たちは寄ると触ると天下国家を論じる風潮にありました。日本で初めて理学士になった若き学徒が理学普及のために情熱を燃やすようになったのは、欧米と比べて余りに遅れている日本の理学のありさまを知ったからでした。

台風襲来で自前の校舎が倒壊する

同志たちがポケットマネーを出し合って自前の校舎を建築し、独自の経営を始めた物理学校に大きな転機が訪れたのは、明治17（1884）年9月15日の台風襲来のときでした。この日の夜になると風雨が強くなり、ますます勢いを増してきました。16日の明け方になろうとしているのに空は暗く、突風としのつく雨が容赦《ようしゃ》なく雨戸に叩《たた》きつけてきます。校長の寺尾寿は、まんじりともしないで夜を明かし、眼をこすりながらしきりに東京・神田にある小さな校舎の安否を気遣《きづか》っていました。

建坪100平米に便所をつけただけの小さな校舎です。しかしそれは、仲間と建てた東京物理学校のかけがえのない校舎でした。寺尾は何度も雨戸をこじ開けては暗い空を見続けていました。この日、日本列島を襲った台風は、甚大な被害を残して駆けぬけていきました。大雨と突風が多くの家を倒壊させ農作物に大きな被害を出しました。日本で初めてのオランダ式工法を取り入れて着工した宮城県桃生《ものう》郡野蒜《のびる》村（現在の宮城県桃生郡鳴瀬町《なるせちょう》）の港湾工事現場では、台風の襲来を受け、東突堤の3分の1が崩壊するという大被害を受けました。東北随一の近代的な装備を誇るはずだった野蒜港はついに完成することなく計画から消え去る運命をたどったのです。

それほど大きな被害をもたらした台風は、9月16日の夕刻になってようやくおさまり、初秋の夕闇が東京の空に広がってきました。寺尾はなかば走るようにして校舎へ向かいました。校舎に近づくにつれて寺尾の不安は広がっていきます。道すがら見てきた家々の倒壊が予想以上に多く、倒れた家屋の外で呆然《ぼうぜん》とたたずむ市民たちがあちこちで見られたからです。

神田今川小路の校舎にたどり着いた寺尾は、柱をへし折られ、板壁が無残に引き裂かれて倒壊してしまった校舎を見て愕然《がくぜん》となりました。精根こめて落成した校舎ですが、やはり台風の前に持ちこたえることができなかったのです。

「ダメだったか」という声に寺尾が振り向くと、三守守《みもりまもる》が憔悴《しょうすい》した表情で後ろに立っていました。三守は校舎のすぐ近くの小川小路1丁目に家がありました。暴風雨が荒れ狂っているとき、雨戸を激しく叩く者がいます。恐るおそる明けてみると、校舎の小使いがずぶ濡《ぬ》れの姿で「先生、たいへんです。学校がつぶれました」と急を知らせてきたのです。

小使いの話では、めりめりという音と共に校舎が暴風でなぎ倒されてしまったというのです。幸運にも小使いは無傷で助かりましたが、小使いの妻は軽い怪我《けが》をしたというのです。

三守は小使いと一緒に現場に駆けつけてみると、校舎は見るも無残な形につぶれていました。台風が収まった後に、教室にあった実験器具や教科書などを持ち出して片付け始めたところへ寺尾が駆けつけてきたのです。

難局を乗り越え再起を誓った若き学徒

いつの間に集まったのか、寺尾の後ろには何人かの若者たちの姿が見えます。20歳代半ばの理学士であり、昼は勤めに出て夜は物理学校の教師をしている若者たちでした。桜井房記、中村精男、中村恭平《なかむらきょうへい》、信谷定爾《のぶたにさだじ》、保田棟太《やすだむねた》らがいます。みんな着物姿ですが、ただひとりしゃれた洋服姿なのは谷田部梅吉です。最年長32歳の鮫島晋は、酒臭い息を吐きながら「また、みんなで建てれば済むことだ」とつぶやいています。酒好きの鮫島は一睡もしないまま、酒に気を紛らせながらフランス語の本を読んでいたのです。

倒壊した校舎の残骸《ざんがい》を片付ける作業が始まりました。夜になると勤務先から駆けつけた教師が次々と集まってきました。みな東京物理学校で教鞭をとっている若者たちです。みんなで資金を持ち寄って、ようやく自前で建てた校舎が台風の中でどうなったか気になっていたのです。倒壊した校舎の後片付けを終わったころ、寺尾がみんなに声をかけて残骸の山の前で車座になりました。

「せっかく建てた校舎が倒れてしまった。これから授業をどうするか。何か考えを言ってくれ」

待ち構えていたように何人かが声をあげました。

「すぐに校舎を建て直そう。それまでは、またどこかに教室を借りればいい」

「授業を休むわけにはいかん。明日からでもどこかの教室を借りるように動いてみる」

当時、理学を学ぶには東京大学とこの物理学校しかなかったのです。その2つの教室に、全国から理学の勉学に燃える俊英が集まってきていました。その生徒たちの志を挫折させてはならないのです。言葉は続きませんでしたが、思いはみな同じでした。日本には理学という学問はなく、世の中は法文系の学問の導入と履修一辺倒になっていることを心配していました。理学なくして日本が西欧に追いつくことはできません。沈黙を破って寺尾が一同を見回しながらこう言いました。

「何があっても物理学校をつぶすわけには行かない。せっかくつくった校舎は倒壊してしまったが、我々の志まで倒壊したわけではない。この難局を乗り越え、我々は初志を貫かねばならない。物理学校を永遠に維持するために同志の協力を仰ぎたい」

暗い空間を引き裂いて、寺尾の声が凛《りん》として響きました。「同志」という寺尾の呼びかけに、一同の心は初心を思い出し、新たな出発への決意となっていきました。そのとき、寺尾の頭の中には「維持同盟」という言葉が浮かんでいました。口には出しませんでしたが、その思いは、同志の心の中に無言のうちにしみ渡るように広がっていきました。みんな心の中では、物理学校を続けようとする強い意志がみなぎっていました。

台風が残した校舎の倒壊と同時に、物理学校を支えようとする若いエネルギーがめらめらと燃えあがったのです。同志たちの志はむしろいっそう強い絆《きずな》で結ばれ、理学普及という物理学校建学の精神は、この瞬間に確かな礎となって固まったのです。激しい暴風雨の中で校舎は倒壊し、教室がもろくも崩《くず》れ去ったのです。しかし寺尾らはすぐに代わりの教室を探し、ほどなく麹町《こうじまち》区九段坂下《くだんさかした》牛《うし》ガ淵《ぶち》にある共立《きょうりつ》統計学校の教室を借りることになります。

そのころの世相で話題になっていたのは、前年の明治16（1883）年7月に落成した鹿鳴館《ろくめいかん》でした。足掛け3年の月日と巨額の建設資金を投じてルネッサンス式の洋館が、麹町区内幸町《うちさいわいちょう》の現在の帝国ホテルの隣に完成しました。鹿鳴館は文明開化の拠点として話題になり、夜毎舞踏会が開催され、園遊会やバザーの開催などでヨーロッパ文化の香りが日本に持ちこまれていきました。

明治17（1884）年から明治18（1885）年にかけて、日本の政治、行政が大きく動いていきました。明治17年3月には、憲法や諸制度の調査機関として制度取調局が設置され、内閣制と憲法制定に向かって準備が始まりました。7月には華族令が公布され、華族に爵位《しゃくい》を与えて特権身分とし、後の貴族院議員のもととなったのです。

経営基盤を強固にするために維持同盟を結成

明治18（1885）年9月、物理学校は開校から丸3年が経ちました。校長の寺尾をはじめ同志たちは、よくここまで存続できたという満足感と同時にこれから先、どのように経営していくのか誰もが不安感を抱いていました。

国が運営する教育機関なら、決まった予算が確保され計画的に実行されますが、同志が経営する物理学校の場合は、生徒の授業料だけではまかないきれないのです。どうしても教師が出すお金が頼りになってきます。金持ちに寄付を仰ぐという案も出ましたが、「他人様に干渉されたくない。あくまで我々の学校として運営したい」という意見が大勢を占めていました。

寺尾は同志が集まった席で、つぎのような考えを提案しました。

「ひとつ相談だが、物理学校を未来永劫《えいごう》維持していくという目的を立て、我々同志で維持同盟を結成し、同盟の規則をきちっと立ててみてはどうか。諸君の考えを聞かせてほしい」

寺尾の提案に一同は深くうなずきました。寺尾はさらに続けました。

「物理学校を維持していくためには、何よりも財務が安定していないとならない。財務を強固にして教育に取り組めば、理学教育の模範として世間に認められ、生徒も増えてやがて授業料によって維持できるようになる。維持同盟に賛成したものだけでも一時金として何十円かを拠出し、それをもって学校を運営していこうというのが結成の目的になる」

「拠出する金額はいくらぐらいか」という質問がでました。寺尾は「結成に参加する同志の数にもよるが、個人負担の限度を考えればひとり30円くらいではないか」と応えました。

当時の30円はいまの物価に換算すると20万円から30万円程度です。

中村恭平が背筋を伸ばしやや威儀をただして言いました。

「維持同盟という提案に賛成する。寺尾校長には全幅の信頼を寄せているので、ここは校長を中心に一致団結してことにあたろう」

中村恭平は、愛知県田原《たはら》藩の藩主のお抱え医師（典医《てんい》）の次男として生まれました。幼少の頃から英才の誉《ほま》れが高く、15歳で藩の貢進生に選ばれて上京し、22歳のときに仏語物理学科の1期生として卒業したのです。

続いて発言したのは鮫島晋でした。

「我々が独立独歩でここまで運営してきた物理学校だ。多少の資金の持ち出しは致し方あるまい。他人に資金援助を求めることだけはしたくない。維持同盟をつくる案に賛成だ」

この一言で同志たちの意志がいっきょに固まっていきました。

「それでは、東京物理学校維持同盟の結成を正式に決定したい。同志からの寄金の金額については、妥当な額を算出して後日、また諮《はか》りたい。それでよろしいか」と寺尾が言うと、異議なしの声が一斉《いっせい》にあがりました。

寺尾はここで一息入れてから一気に続けました。

「我々同志で寄付金を出し合って財務の基盤をしっかりさせたい。幹事の難波君と主計の谷田部君とで運営に欠かせない諸経費を算出してもらったところ、５００円ほどあれば経営は長期的にも安定することが分かった。それを同志の数で割り算すると、ひとり30円の寄付を仰げば何とかなる。30円という額は簡単に都合のつく額ではない。同志の意見を聞きたい」

駒場農学校の教諭をしていた高野瀬宗則が挙手をして発言を求めました。

「雪道をかき分けて教室に行ってみれば、生徒は誰ひとりいなかったという日もあった。生徒がたったひとりということもあった。しかしそれでもくじけずにここまで持ちこたえてきたのは、理学普及という我々の決意があったからだ。30円は確かに大金だが同志で物理学校を支えることは、後輩たちを多数輩出して日本に物理学の根をしっかりと張りめぐらせるという大きな目標を実現することにつながる。ここは頑張って寄付金を出し合って物理学校を支えていこうではないか」

何人かが異議なしと声をあげました。このとき同志たちの心はひとつになっていました。どんなに苦しくても自分たちの手によって物理学校の経営を続けよう。やるからには何がなんでもやりぬこうとする意志がみなぎっていました。そのとき16人の同志によって物理学校の「維持同盟」が結成されたのです。

そして明治18（1885）年、16人の合議によって「東京物理学校維持同盟規則」が決められました。第1条から第5条までありますが、規則全体が学生を重視する文言で埋まっていました。寄付金の納入は維持同盟者への強制になっていました。30円という大金は分割払いを認めていますが、それとて毎月1円以上を義務付けています。

第3条では、学校の都合で講義を余分にした場合は、講師に1回25銭を支払うとありま

■維持同盟結成に参加した同志と当時の職業

	維持同盟者	年　齢	職　業
明治11年卒	寺尾　寿	30	東京大学理学部教授
	桜井房記	33	東京師範学校教諭
	千本福隆	31	文部省専門学務局
	中村恭平	30	福島尋常師範学校教諭
	信谷定爾	29	陸軍士官学校教諭
明治12年卒	中村精男	30	内務五等技師
	鮫島　晋	33	東京女子師範学校教諭
	高野瀬宗則	33	駒場農学校教諭
	難波　正	26	東京大学予備門教諭
	谷田部梅吉	28	東京大学予備門教諭
	和田雄治	26	内務五等技師
明治13年卒	三守　守	26	東京職工学校教諭
	三輪桓一郎	24	東京大学助教授
	保田棟太	29	東京大学予備門教諭
	桐山篤三郎	29	東京大学理学部助教授
	玉名程三	24	東京大学理学部で気象観測

す。ところが、「在京していない者および本校の都合によりもしくは事故があって通常の講義をしない場合は、講師は1回につき25銭を本校に出金すべし」となっていました。講師の都合ではなく学校の都合で休講となっても25銭の「罰金」を支払うこととしているのです。

さらに第4条には、在京でない者は、寄付金と第

3条の「罰金」と合わせて毎月2円以上の現金を学校に送金することを義務付けています。維持同盟者に対しては徹底して厳しい規則を課していることで、彼らがいかに不退転の決意で物理学校の維持を果たそうとしていたかが伝わってくるのです。

寄金を出して維持同盟の結成に参加した同志は、16人にのぼりました。最初の開校では創設者は21人いました。それが維持同盟の結成では5人がぬけたことになります。5人のうち澤野忠基、豊田周衛《とよたしゅうえい》の2人はすでに肺結核で病没し、赤木周行《あかぎちかゆき》、加瀬代助の2人は、東京大学仏語物理学科を中退して理学士を取得できなかったために辞退しました。小林有也《こばやしゅうや》は長野県の中学校校長として赴任していたため参加しなかったのです。

開校から3年目、台風で自前の校舎が倒壊してから1年後に恒久的な学校運営をめざす維持同盟が16人の同志によって結成され、近代史の理学教育の中に特異な専門学校として存在感を示すようになっていきました。

第3章 山《やま》川《かわ》健《けん》次《じ》郎《ろう》と同志たちの友情

物理学用語を統一して翻訳する会

明治16（1883）年4月、寺尾寿《てらおひさし》がフランス留学から帰国して間もないころです。神田区今川小路《いまがわこうじ》にあった校舎に、夕方から物理学校の教師たちが続々と集まってきました。この日は山川健次郎《やまかわけんじろう》が来校するという連絡が、同志に行き渡っていたためみな緊張した顔をして待機していました。

山川が校舎に入ってくと、同志は総立ちになって迎えました。

「いや、ご苦労である。元気な面々の顔を拝見して、まことにめでたい気分である」

山川はいつものように背筋を伸ばし、端然《たんぜん》とした姿勢を崩《くず》さずに張りのある声で言いました。山川は青年時代から端正な顔立ちの中から鋭い眼光を光らせ、近寄りがたい顔をしていましたが、話をすると穏《おだ》やかであり、後輩の面倒を見るということで評判になっていました。

「今日はほかでもない相談事があってきたものじゃ。諸君もよく知っての通り、いま我々は物理学を英語、フランス語、ドイツ語と3つの外国語で学習している。フランス語のgravité はドイツ語では Schwerkraft と言うし、英語では gravity と言う。みな同じ意味を言うものであり、日本語ではだいたい重力と訳している。しかしこれはむしろ例外であって、様々な物理学用語の日本語翻訳は英語、フランス語、ドイツ語など外国語と翻訳者によってばらばらになっていることが多い」

山川健次郎
（山田直氏提供）

こう言うと山川は、一同を見渡すように背筋を伸ばして続けました。

「物理学の訳語を統一する会をつくり、わが国の物理学用語を整理したいと思う。ひとりや2人では無理なので、物理学校を興して理学普及でおおいに貢献している諸君の協力を仰ぎに来た。フランス語の物理学は、物理学校をつくった諸君がもっともよく知っている。英語での物理学は、わしを始めとしていまの大学在学生らがよく知っている。それで物理学校の諸君と東大理学部の諸君とが中心になって物理学用語の訳語の整理と統一をしたいと考えておる。是非、力を貸してもらいたい」

もとより山川の要請に反対する同志はいません。

ジヤメン氏原著『小物理学書』

聞いていた一同はみな賛同し協力するという雰囲気で固まっていきました。

物理学校は、日本で初めて日本語による物理学を講義した学校なので、日本語の物理学の教科書をつくらなければならないという目的も持っていました。すでにそのころ桜井《さくらい》房《ふさ》記《き》が中心になって、フランス語の物理学の本の翻訳『小物理学書』（ジヤメン氏原著）が進められていました。このとき山川が提案した「物理学訳語会」の発起人は山川と田中館愛《たなかだてあい》橘《きつ》（1856〜1952年）、田中正平《たなかしょうへい》（1862〜1945年）の3人でした。この3

人は英語で物理学を学んだ人たちであり、田中館と田中は明治15（1882）年7月に東京大学の数学・物理学および星学（天文学）科を卒業したばかりです。初期の物理学はフランス語が主導になり、遅れて英語の物理学が主導的になっていくのです。

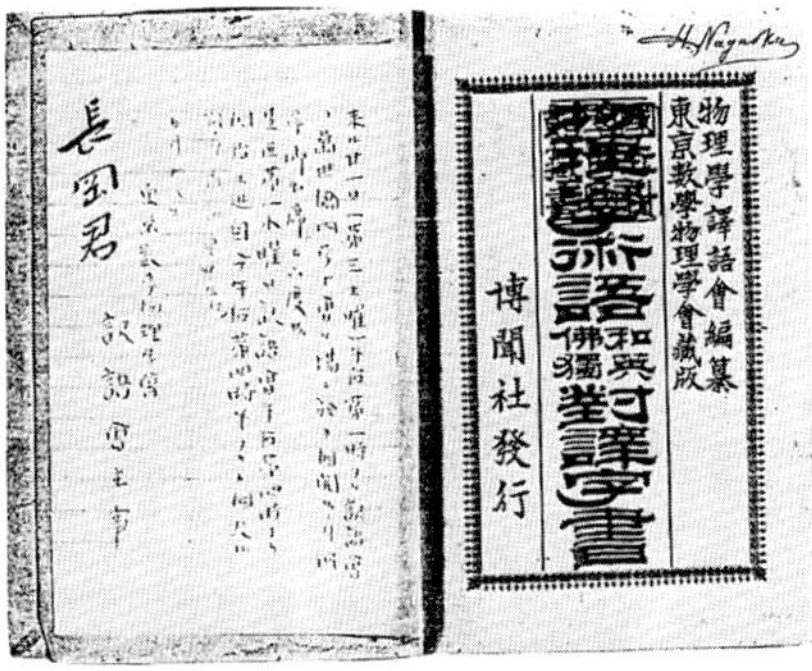

日本の代表的物理学者の長岡半太郎が所蔵していた『物理学術語和英仏独対訳字書』（国立科学博物館蔵）

物理学校をつくった寺尾たち同志は、さっそく物理学に登場する数々の用語を統一する作業に取りかかります。それからは毎月第2、第4水曜日の午後3時から訳語委員会を開いて日本語訳を決めていきました。そして50回の委員会で決めた訳語は、明治21（1888）年12月に、1700語を収容した『物理学術語和英仏独対訳字書』（東京数学物理学会）として完成したのです。

序文に続いて訳語を担当した理学士たちの名

前が書いてありましたが、この中に物理学校の維持同盟者16人のうち14人が名前を連ねていました。まさに物理学校の同志なくして、この辞書は完成しなかったのです。

物理学訳語会が発足した年、物理学校は初めて卒業生を出しました。この年の新学期から修業年数を2年とし、科目に化学を加えました。そのころから物理学校の入学者は急速に増加するようになり、明治21(1888)年には303名を数えるまでに拡大していました。

日本の産業は、政府の育成政策の効果が徐々にあらわれ、特に紡績業が素晴らしい勢いで発展を始めました。動力に蒸気機関を利用した紡績機は、それまでの水車を利用したものとは比べものにならないくらい効率がよくなり、綿糸の国内生産高が輸入高とほぼ同じになるほどでした。科学の動きを見ると、明治16（1883）年に北里柴三郎《きたさとしばさぶろう》（1852〜1931年）が東大医学部を卒業後、内務省衛生局に入り、その後ドイツへ留学しローベルト・コッホ（1843〜1910年）の研究室に入ります。世界で初めて血清療法を創出するのはそのときの研究からでした。北里柴三郎はこの業績で1901年の第1回ノーベル賞受賞候補者になりましたが、惜しくも栄誉を逸《いっ》しました。しかし日本人も世界のトップと競争できる資質をもっていることを証明したものでした。

物理学校の運営には、山川健次郎が何かと支援してくれました。山川と維持同盟の同志たちがことのほか意気投合していたのは、年代がほとんど同じだったという理由もあります。ここで山川がどのような人物であったか書いてみましょう。

会津《あいづ》白虎隊《びゃっこたい》から出た山川健次郎

山川は安政《あんせい》元（1854）年生まれであり、維持同盟の桜井房記、鮫島晋《さめじましん》、高野瀬宗則《たかのせむねのり》より2歳年下、寺尾より1年先輩でした。同年代でありながら、山川が同志たちから尊敬の念を集めていたのは、出生から少年時代の数奇な運命と苛酷な境遇を乗り越えてアメリカ留学を果たし、この若さで学問的な業績を多々あげていたからでした。

山川は、会津藩家老である山川重固《やまかわしげかた》（1812〜1860年）の3男として生まれました。会津藩士族の男児は、10歳になると日新館《にっしんかん》という藩の学校に入学するきまりになっていました。日新館は鶴ヶ城の西側にあり、ここで幼少のころから将来は立派な指導者になるように、武士としての自覚と責任を厳しくしつけられました。会津藩は学問だけでなく、武道の盛んなところでもあり、武学寮での剣道はたいへん厳しいことで有名でした。

藩内には剣道の道場だけでなく柔道、馬術、居合、薙刀《なぎなた》、砲術など少年、少女たちを修練する場が多数ありました。漢文の素読《そどく》から始まる勉学は非常に厳しく、優秀な子供は藩の費用で江戸や長崎などへ留学する道も開いていました。会津藩の武士の家に生まれた子供たちは、文武両道を厳しく鍛《きた》えられました。

山川の運命を大きく変えたのは、慶応《けいおう》4（1868）年1月、朝廷から幕府を撃つ命令がでたときからです。4月には最後の将軍、徳川慶喜《とくがわよしのぶ》（1837〜1933年）が江戸城を明け渡して265年続いた徳川幕府は終わりを告げました。大政奉還によって朝廷に政権を返したのです。

最後の将軍徳川慶喜は、4月11日に江戸城を出て謹慎の身となりました。同14日には京都で天皇が新政府の基本方針である「五箇条の御誓文《ごせいもん》」を発布し新しい時代へと動き出します。しかし旧幕臣2000人余りが彰義隊《しょうぎたい》を結成して徹底抗戦を宣言しますが、官軍の圧倒的な戦力の前に敗れ去ります。そのころ、旧幕府側である福島県会津地方の会津藩が、政府軍に抗戦する意志を示すと周辺の六藩が「奥羽越列同盟」を結成して会津藩に味方する意志を示すなど政府軍との戦いは避けられない情勢となります。

政府軍にとっては、会津藩は旧幕府側にとって大きな勢力を持つだけに、どうしても攻めつぶす必要がありました。会津藩は、この戦いに備えて50歳以上の玄武隊《げんぶたい》、49歳から36歳までの青龍隊《せいりゅうたい》、35歳以下18歳までの朱雀隊《すざくたい》、17歳と16歳の白虎隊、15歳と14歳の幼少組を組織して戦いに備えていました。

健次郎は7人兄弟で2人の姉がいましたが、どちらも勇ましく鎧兜《よろいかぶと》を身に付け薙刀を振り回す女武芸者でした。母親は健次郎が幼いときから「太閤記《たいこうき》」「信長記」などを読んで聞かせるなど、健次郎には日頃から立派な武芸者になるように厳しい教育をしていました。

政府軍が会津に攻め込んできた日、山川家の男たちは祖父の兵衛と健次郎の2人だけでした。最初、健次郎は白虎隊に編入していましたが、15歳であるため幼少組に格下げになったのです。白虎隊は大人に混じって出陣していましたが、幼少組の健次郎は自宅待機となり、城下町で戦闘が開始されて大混乱となると母親と姉2人らと一緒に鶴ヶ城へ逃げ込んだのです。場内には3000人以上がなだれ込み、総計で5000人が約1カ月間籠城《ろうじょう》することになるのですが、最後は激しい戦闘の末に降伏したのです。

政府軍を鶴ヶ城の手前で阻止しようと撃って出ていた白虎隊二番士中隊の20人の少年剣士たちは、政府軍の前に劣勢となって敗走を続け、冷たい雨の中を命からがら飯盛山《いいもりやま》にたどり着きます。山頂から城下町が燃えるのを目にしたとき、城が燃えていると錯覚し、このままでは敵の手にかかって恥を後世に残すことになるので、会津の武士らしくいさぎよく切腹しようと思い立ちます。もはやこれまでと19人が自刃《じじん》して果てる悲劇がありました。

健次郎は、砲撃を受けて体の半分が吹っ飛ぶような光景を目の当たりにし、負傷して生死をさまよう悲惨な戦闘現場の中で、負傷者の救護や介護で獅子奮迅《ししふんじん》の働きをするのです。後年、健次郎の人生観に大きな影響を与えた体験でした。

戦いが終結した後、健次郎は、会津藩の仇敵《きゅうてき》である長州、干城隊《かんじょうたい》参謀に身柄をあずけられ、明治元（1868）年11月13日、大雪の降りしきる中、会津を後にして東京へ向かいました。その後東京で、前原一誠《まえばらいっせい》（1834〜1876年）の書生となり、明治3（1870）年には東京の斗南藩《となん》学にて英語を勉強することになるのです。そのころから健次郎は優れた才能を開花させ、たちまち秀才・山川健次郎として知られるようになったのです。なお、前原は吉田松陰《よしだしょういん》（1830〜1859年）に学んで尊皇攘夷《そんのうじょうい》運動に加わり、維新後は新政府にいましたが、政府内で意見が合わず下野し、明治9（1876）年、萩《はぎ》の乱を起こして斬罪《ざんざい》されました。

健次郎に大きな転機が訪れたのは、明治4（1871）年17歳のときアメリカ留学生に選ばれたことでした。健次郎は渡米するとエール大学のシェフィールド理学校で物理学と土木工学を専攻しました。そのころユーマンスという人物が「ポピュラー・サイエンス」を創刊しており、健次郎はよくその本を読んでいました。記事を読んだ健次郎は影響を受け、物や現象の理を探求する物理学に興味を持つようになるのです。明治8（1875）年5月、健次郎は帰国すると東京大学の前身である東京開成学校の物理学教授補となり、明治

12（1879）年7月に弱冠24歳にして日本人として初めて理学部教授となったのです。

開成学校は明治10（1877）年に東京大学となったのですが、学部は法学部、理学部、医学部、文学部であり4学部の教授数39人のうち27人が外国人教師でした。当時の講義は日本語での講義は少なく、外国語が使われていたのです。山川はそのころから実験器具の整備や学生の指導など物理学教育の基礎に力を入れており、物理学校を創設するときに、大学の実験器具の貸し出しに理解を示し、大学当局と掛け合って貸し出しを実現したのは、そのような考えがあったからでした。

山川は白虎隊の悲運を目撃した武士であり、最後は朝廷に刃向かった賊軍《ぞくぐん》という汚名を着せられた無念さを心に深く刻んでいました。生涯、芸者がいるような宴席は敬遠したと言われるように、清廉潔白で高潔な人格は周囲から一目も二目も置かれていました。その高潔さは少年時代に目にした会津落城の悲劇を忘れまいとする自戒の念と武士道を体現した人生からくるものだったのです。山川健次郎は、46歳で東大総長となり、その後京大、九大総長も歴任して男爵となるなど教育者として栄達を極めた人生でした。

日本で初の内閣制度が発足

維持同盟が結成された明治18（1885）年から20年代前半にかけて、日本はどのような国のカタチをしていたのでしょうか。明治18年、伊藤博文《いとうひろぶみ》（1841～1909年）は日本の歴史上初めて内閣制度を発足させ、第1次伊藤博文内閣が組閣されました。総理大臣のほかに外務、内務、大蔵、陸軍、海軍、司法、文部、農商務、逓信《ていしん》の各大臣がそれぞれの行政のトップについたのです。

明治18年からは憲法の草案起草にとりかかり、皇室典範《てんぱん》、議員法、選挙法など国の根幹部分が整備されていきます。憲法草案は、ものものしい雰囲気の中で枢密院《すうみついん》の会議にかけられ、極秘で進められ、明治22（1889）年2月11日に大日本帝国憲法として発布されました。庶民にとって政治に参加する機会が極度に低い憲法でしたが、何も知らない一般民衆は、憲法発布を祝って酔いしれていました。

日本の教育制度は、明治5（1872）年の「学制頒布《はんぷ》」によってカタチを整えました。

全国に学区制をしき、それまで武士だけが学問をしてきた風潮を改め、武士の特権を非難して四民（士農工商）平等による教育の機会均等をうたいました。

高等教育は、明治19（1886）年に帝国大学令を定め、学問は国家に奉仕させるものであるとし、官学の中心に据えたのです。文部省の直轄となった帝国大学は、官吏養成の場とし、教育者を育てる師範学校に力をそそいでいきました。

その当時の私学で代表的なのは慶応義塾《けいおうぎじゅく》でした。福澤諭吉《ふくざわゆきち》（1834～1901年）が中津藩奥平《おくだいら》家の中屋敷に開いた蘭学塾《らんがくじゅく》が起源で、安政《あんせい》5（1858）年、現在の東京都中央区明石町《あかしちょう》付近、いま聖路加《せいろか》国際メディカルセンターがあるあたりに設立されたと言われています。明治8（1875）年には、新島襄《にいじまじょう》（1843～1890年）がキリスト教主義を唱えた同志社《どうししゃ》を興しましたが、このころはまだ多くの漢学塾が繁栄していました。

明治10年代の青年たちは、しきりに立身出世を口にし、そのためには法律学を学ぶことがいちばんであるという風潮がありました。明治13（1880）年には、東京法学校（現在の法政《ほうせい》大学）、専修《せんしゅう》学校（現在の専修大学）が設立された。翌明治14年には、明治法律学校（現在の明治大学）と東京物理学講習所（その後の東京物理学校で今の東京理科大の前身）が設立されました。法律の専門学校として東京専門学校（現在の早稲田《わせだ》大学）が設立されたのは明治15（1882）年でした。

物理学校は、理科系の私学の学校としては日本で初めての学校であり、当初は国立の大学を受験する者の予備校的役割や、社会人になった人のキャリアアップとしての役割、教職につくための勉学の役割などをになっていたのです。

第4章 教室を転々と変えながらの学校経営

3年間に5カ所を転々とした物理学校の教室

明治14（1881）年に発足した物理学校は、教室の確保にはいつも悩まされていました。別表にあるように共立《きょうりつ》統計学校の校舎借用まで、3年間に5カ所も校舎を移動しているのです。いちばんの痛手は、同志たちが資金を出し合ってつくった今川小路《いまがわこうじ》の校舎が台風で倒壊したことでした。その後も転々と教室を変えていきました。明治19（1886）年11月から借りた「小川町《おがわまち》校舎」は、84ページの写真で見るように外側はレンガ造りの当時としては堂々とした建築物でした。それまで半分は仏語学校の校舎として使い、半分は活版工場として使っていました。仏語学校の校舎の一部を夜間だけ物理学校で借りることにしたのです。

生徒たちの間では、いつしか小川町校舎を「北極学校」と呼ぶようになります。教師たちも最初「北極学校」と聞いたときには、天文学も学習できる物理学校の生徒らしいニッ

■東京物理学校校舎の移転年表

年代（明治）	所在地
明治 14 年 9 月	麹町区飯田橋町 4 － 1　稚松小学校を借用
同年 12 月	神田区錦町　大蔵省官吏簿記講習所借用
明治 15 年	本郷区元町 2 丁目　進文舎を借用
同年 11 月	神田区今川小路 3 － 9　建坪 30 坪、台風で倒壊
明治 17 年 9 月	麹町区九段坂下牛ガ淵　共立統計学校借用
明治 19 年 9 月	神田区駿河台淡路町　成立学舎借用
同年 11 月	神田区小川町 1 番地の仏文会校舎を借用
明治 21 年 12 月	長年「小川町校舎」と呼ばれた同校舎を購入
明治 38 年 11 月	牛込区神楽坂 2 丁目 24 番地に校舎敷地を購入
明治 39 年 7 月	神楽坂に新校舎竣工

クネームではないかとおもって気分をよくしていました。ところが真相を聞いてみると北極学校とは「南はあれども北《きた》ない」という意味なのです。北極点に立てば、確かにそうなります。しかし本当に意味するところは「南はあれども汚《きたな》い」という意味だという。要するに「北ない」と「汚い」をかけたニックネームだったのです。一部を活版工場として使っていたので、建物全体にいつしかインクがしみこんでどうしても薄汚れてしまいます。それで「トンネル学校」というニックネームもつけられました。トンネルのように暗い建物という意味でした。

汚い校舎として生徒たちに陰口《かげぐち》をたたかれて

大金で買い取った小川町校舎

いた小川町校舎ですが、物理学校に思わぬ話が舞い込んできました。

「持ち主が建物を手放したいと言ってきた。うちの学校で何とか入手できないものか」

明治21（1888）年12月の年の瀬も迫った日、物理学校は2200円でこの校舎を買い取りました。それまでは仏文会からのまた借りの店子《たなこ》として肩身の狭い思いをしながら、ときには仏文会の事務員と教室の運営をめぐって衝突することがありました。しかし、建物全体を買い取った後は、大家は物理学校で店子は仏文会になり、立場が逆転したのです。こうして小川町校舎は明治39（1906）年に神楽坂《かぐらざか》校舎に移転するまで、17年間に渡って物理学校の歴史を刻むことになるのです。

東京職工学校の「予備校」となる

物理学校の生徒数が増えていくきっかけになったのは、東京職工学校（現在の東京工業大）の入試のいわば予備校になったからでもありました。

東京職工学校は、明治14（1881）年5月、奇しくも東京物理学講習所の設立より1カ月早く設立されました。日本には江戸時代から優れた各種の職人が多数いましたが、いずれも徒弟制度による技術の伝播《でんぱ》であり、学問に裏付けられるような制度や資格などは何ひとつなかったのです。明治政府は、この徒弟制度の職人の技術に学問を持ち込み、理論に裏付けられた技術者として育て、同時に工業教員を養成して後進の指導者も育成しようしたのです。

いつのころからか、東京職工学校へ入学をめざした生徒は、入学試験に備えて物理学校で学ぶ人が増えていきました。物理学校でただひとりの生徒になった浅村三郎《あさむらさぶろう》も、物理学校を卒業すると東京職工学校へと進学しています。今日で言えば、まさに予備校という役割でした。このお陰《かげ》で、物理学校の生徒は増えだしたのです。

明治21（1888）年の春でした。東京職工学校の校長であり工業教育の開拓・普及に尽くした手嶋精一《てじませいいち》（1849〜1918年）が、物理学校校長の寺尾寿《てらおひさし》を訪ねてきました。

「東京職工学校に入学を希望して受験してくるものの中に、物理学校で学んだ者がいる。これらはみな成績優秀であり、物理学校の実力を見せつけられたようだ。そこで願いだが、わが校への入学希望者用に学科を設けてもらうわけには参らぬだろうか」

今で言えば、予備校になってくれという申し入れです。寺尾は東京大学の教授として、全国

■明治21年までの物理学校の入学者数と卒業者数
（空欄は記録なし）

	入学者数	卒業者数
明治14年	20	
15		
16	40	
17	70	
18		1
19	106	1
20	237	6
21	303	4

から集まってくる秀才を相手に教育をしていますが、理学の教育機関はそれだけでは間に合いません。物理学校は、すでに社会人なっているものやこれから国立の大学に入学を希望する若い人材に対し、幅広く理学を教える場として非常に大事な学校になっていました。

「身に余るお言葉でございます。喜んでご希望に沿うようなカリキュラムを組んでみたいと存じます」

寺尾は頭をさげながら、すでに数度にわたって改定してきた学科課程のことを早くも頭に描いていました。

物理学校はただちに東京職工学校への入試カリキュラムを組むことにしました。このころから学則を改定して、引き続き2回落第する生徒は退学する規則をつくりました。当時、物理学校に入学する生徒は、すでに300人を超えていました。理学の教育機関として世間から認められるようになっていたのですが、入学すれども卒業が難しいという学校としても世間で知られるようになっていったのです。

東大の大物3人が列席した卒業式

小川町校舎の入り口には、夕方から紅白の幕が張りめぐらされ、どことなく華やいだ雰囲気の中で人が出入りしていました。明治21（1888）年7月22日、物理学校で初めての卒業式が行われたのです。朝から太陽が照りつく暑い日であり、日没近くになっても気温は一向に下がりません。明りがともるころになると、校長の寺尾寿ら物理学校の教師たちも威儀をただした和服や洋服に身をつつみ、緊張した面持ちで集まってきました。

緊張していたのは卒業式に東京帝国大学副綜理《そうり》（総長）の浜尾《はまお》新《あらた》（1849〜1925年）、東京大学理科大学長の菊池《きくち》大麓《だいろく》（1855〜1917年）、同教授の山川《やまかわ》健《けん》次郎《じろう》ら各界の来賓20人余りが列席することになっていたからです。東京大学理科大学という

浜尾　新

のは、数学科、星学（天文学）科、物理学科、化学科、動物学科、植物学科、地質学科など理学系の学科だけ集めて別途、理科大学という名前の大学を東京大学の中につくってこのように呼んでいました。

浜尾、菊池、山川らが連れ立って校舎に入ってくると、先頭になって出迎えた寺尾の前で次々と握手を求め「台長、おめでとう」「台長の大任、ご苦労である」などとねぎらいました。1カ月ほど前に寺尾は、東京大学教授との兼任で東京天文台の初代台長に就任したばかりでした。さらに寺尾は、同じころ理学博士を授与されています。浜尾らのねぎらいの言葉には、そうした意味が込められていました。

菊池大麓

寺尾は、物理学校の同志の中では初めての理学博士でした。昼は東京大学教授と天文台長を務め、夜間は物理学校の校長でもある寺尾は、そのときまだ32歳の若さでした。また寺尾はその年2月、日本人が初めて書いたものとして後世に残る『中等教育算術教科書』を刊行しています。数学教育でも寺尾は、日本でトップの権威者になっていたのです。

　夜間の私塾のような物理学校に、東大から大物3人が来るというのは異例の卒業式だったのです。この日卒業したのは、菱田《ひしだ》為吉《ためきち》ら4人でした。午後7時、羽織袴《はおりはかま》を着た物理学校幹事の三守守《みもりまもる》が卒業式の挙行を告げて始まりました。最初に三守から物理学校の歴史が語られ、これが終わると校長の寺尾が卒業証書を授与します。卒業証書を見ると、寺尾校長以下11人の教師が署名捺印《なついん》をした証書です。講義を受けもった教師全員が署名したものでした。

　予定されていた式次第が無事に終わると、別室に用意された懇親会に移りました。寺尾

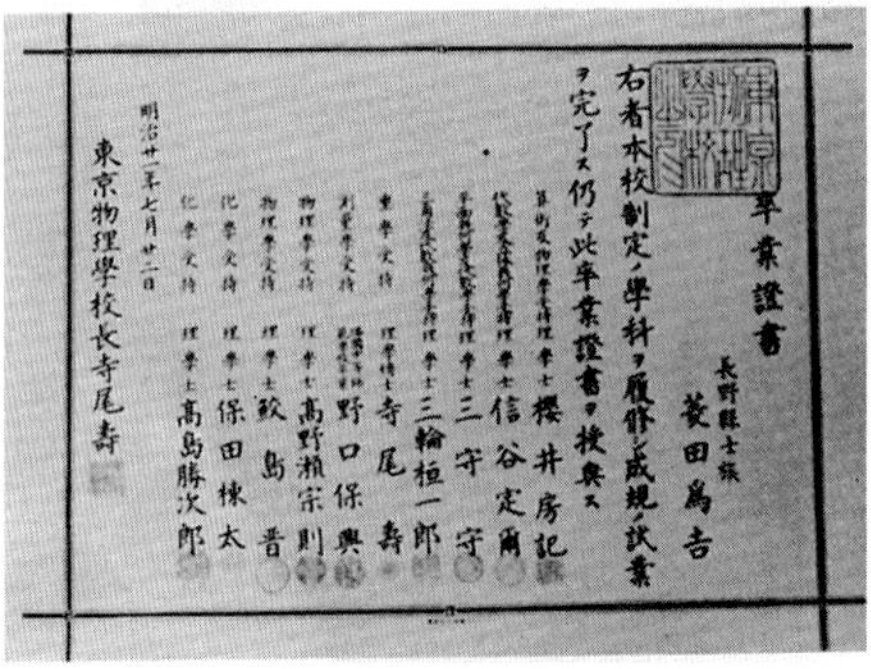
卒業證書
長野縣士族
菱田爲吉
右者本校制定ノ學科ヲ履修シ成規ノ試業ヲ完了ス仍テ此卒業證書ヲ授與ス
理學士 櫻井房記
理學士 信谷定爾
理學士 三守守
理學士 三輪桓一郎
理學博士 寺尾壽
野口保興
理學士 高野瀬宗則
理學士 鮫島晋
理學士 保田棟太
理學士 高島勝次郎
明治廿一年七月廿二日
東京物理學校長寺尾壽

東京物理学校から菱田為吉に授与された卒業証書

は居並ぶ来賓を前に挨拶《あいさつ》をし、一通り祝辞が終わると座が崩《くず》れ懇談に移りました。寺尾や物理学校の同志たちと菊池大麓や山川健次郎らが談笑するうち、話は思わぬ方向へと発展していきます。話に火をつけたのは山川でした。

「物理学校で学んだ同窓生諸君が、年々増えてきているのはおめでたい限りだ。聞くところによると毎月1回、学校に卒業生や在校生有志が集まり、研究した内容を発表したり討論をしているそうだが、ただ討論したり講演をするだけではもったいない。ひとつ、その内容をまとめて雑誌をつくったらどうか」

これには、菊池がすぐに発言しました。

「学問の成果は、活字にしてこそ価値がある。西欧では古来、どのように優れた学問の成果であっても、口頭の演説だけでは価値を認めず、印刷物として発表しない限り認められない。是非、物理学校でも研究発表の内容を印刷物として発刊したらどうか」

寺尾をはじめ物理学校の教師の面々も、みなうなずいて聞いていています。菊池、浜尾、山川、寺尾らを遠巻きにしていた教師たちの間でも、すぐに雑誌発刊の準備をしようという会話が交わされていきます。それからほぼ1年かかって物理学校の同窓会発会の準備が進行し、明治22（1889）年、同窓会と雑誌の発行が実現していくことになるのです。

寺尾が一代で築いた国立天文台の基礎

ところで、寺尾が初代台長となった東京天文台は、海軍省、内務省、文部省にそれぞれ個別にあった観象台を合併させ、東京大学理学部の所属として設立されたものでした。

日本での天文学は、暦の編成の国家事業として江戸時代から始まりました。日本で最初に天文暦学による暦（貞享暦《じょうきょうれき》）をつくったのは渋川春海《しぶかわはるみ》（1639〜1715年）です。江戸本所《ほんじょ》の自邸内に天文台を築いて観測を行っていました。それまでは822年に唐でつくられた太陰暦で、日本に伝わり使われていた宣明暦《せんみょうれき》でした。しかし、すでに800年も経っているために狂いを生じ、実際の天文現象と暦の相違が問題になっていました。

暦に記載された日に月食が見られなかったり、逆に暦にない日に月食が起きるということが起きていました。渋川の天文台は、その後浅草《あさくさ》に移転され浅草天文台となっていましたが維持費がかかるというので、機器類とともに東京大学の前身の開成学校へと引き継がれていました。

明治政府になって天文学は軍事、国土計画、社会的な観点から見直されていきます。欧米先進国の進んでいる天文台を知るにしたがって、明治政府は気象観測と遍暦事業を統合して文部省管轄としました。明治21（1888）年、麻布にある海軍観象台は東京天文台と改称して東大に所属とすることにし、寺尾を初代台長に任命したのでした。

寺尾が天文学に本格的に取り組んだのは、仏語物理学科を卒業後すぐに留学したフランスの首都パリにあるモンスウリ天文台からです。若い天文研究者の実地訓練も行うため、モンスウリ公園の中に赤道儀望遠鏡、二連子午儀などを備えた実地観測所を新設したのです。外国からの留学生は数カ月間、そこで訓練されることになっていました。寺尾は数カ月間、星学（天文学）の実地研修をした後、パリ大学に入り数学と星学を学び、今度はパリ天文台で実地星学を修業しました。このとき寺尾は、フランスで最も偉大な科学者のひ

パリのモンスウリ公園内にいまもある、寺尾が実地研修をした
モンスウリ観測所（中村士氏撮影・提供）

とりとして知られているアンリ・ポアンカレ（1854〜1912年）から数学と天体力学を教わっています。ポアンカレは数学、物理学、天体力学などの重要な基本原理を次々と確立し、位相幾何学の分野ではホモロジー概念の提唱で知られています。

寺尾が台長になったときの東京天文台の主な観測器械は、地理局から引き継いだ口径20センチのトロートン赤道儀、水路部から引き継いだ口径16センチのメルッ赤道儀、口径13・5センチのレプソル子午儀、口径14センチのレプソルド子午環などでした。スタッフは、書記2人、雇員3人でそのうち書記と雇

明治30年ころの東京天文台の職員。右から3人目が寺尾
（国立天文台提供）

員の各1人は観測係、雇員2人は遍暦係であり、台長ら6人という小所帯でした。

しかし寺尾は台長になると直ちに天文台の整備・拡充に取り組み、退職するまで30年以上にわたって天文台事業と国家的な天文学の事業発展に多大な貢献をしたのです。

2代目の教師を輩出《はいしゅつ》する

物理学校は「小川町校舎」になってから、ようやく経営が軌道に乗り出しました。物理学校の創立時からしばらくは、創設した同志たちだけが教師になっていました。しかしその後、物理学校を卒業したOBたちの中から徐々に母校の教師になる人も出るようになるのです。物理学校の次世代への萌芽《ほうが》が始まってきたのです。その代表的な教師が澤山勇三郎《さわやまゆうざぶろう》でした。

澤山は江戸時代の万延元《まんえん》（1860）年に山口県で生まれました。維持同盟を結んだ同志たちとほぼ同世代ですが、正規の教育を受けたことはなく、独学で理学の勉強に取り組み、瞬《また》く間に才覚を現して周囲からも認められるようになるのです。20歳代の前半から萩《はぎ》中学や山口中学で数学の教師を務めていました。その澤山を見出したのは、谷田部梅吉《やたべうめきち》でした。谷田部は明治20（1887）年に第一高等学校の教諭兼幹事から山口高等中学校教頭を拝命して山口に赴任しました。そして現地で評判になっている澤山の優れた才能を知ったのですが、彼は正規の教師の免許を持っていません。全部独学で習得したものだというのです。

谷田部は手紙を持たせ、澤山を山口から東京の物理学校へ送り出しました。上京した澤山はすぐに検定試験を受けますが、驚いたことに口頭試問の試験委員は東京大学理科大学長の菊池大麓、寺尾寿、学習院教授兼理科大学助教授の三輪桓一郎《みわかんいちろう》、高等師範学校幹事の桜井房記《さくらいふさき》でした。菊池を除く3人は物理学校の同志です。試験のレベルは高く、相当の知識がないとパスしません。明治21（1888）年の試験の合格者は、澤山を含めてたった4人であり、当時、文部省の教員免許状を持っている人は数えるほどしかいませんでした。

澤山はその難関を突破して合格し、物理学校の教師になり幾何学を担当しました。その後、群馬中学（後の前橋中学）、城北中学（後の府立四中）、陸軍教授、幼年学校、士官学校などで数学の教鞭をとりましたが、東京にいるときはいつも物理学校の教師も務めていました。士官学校の教師を退官した後は、物理学校で昭和10（1935）年まで教師をしたのです。

澤山は物理学校では名物教師でした。きわめて真面目《まじめ》で、授業の合図とほぼ同時に教室に入り、終了の合図があると直ちに終わります。黒板に書く字も略字は一切使わないし、約束は几帳面《きちょうめん》に実行します。陸軍教授から士官学校時代の25年間無欠勤で通し、帝国教育会から特別表彰を受けるほどでした。

澤山は閑《ひま》さえあれば幾何の問題を解くことに取り組み、講義でも楽しそうに難問題を次々と解いて見せました。また、物理学校雑誌の論文投稿の常連でもありました。特にフォイエルバッハ（Feuerbach）定理「三角形において、その9点円は内接円に内接し、傍接円に外接する」の異なる証明法を次々と発表しました。フォイエルバッハ定理の証明法を22通り確立して、物理学校雑誌に発表しています。

第5章 社会に役立つ人材育成をめざす

物理学校の同窓会誌を発刊

「先生、このような立派な同窓会雑誌ができあがりました」

明治22（1889）年6月、物理学校書記の菅生温蔵《すがおおんぞう》が、風呂敷包みをほどいて大事そうに印刷物を取り出して校長の寺尾寿《てらおひさし》に手渡しました。『東京物理学校同窓会雑誌』と太く墨で書いた表紙からまだインクの匂いが漂《ただよ》っています。

雑誌を手に取った寺尾は、しばらく目を通すと「なかなか立派じゃ」と満足そうな表情です。菅生が続けました。

「ここに初版として20部ほどあります。なにぶんにも寒天版ですから最大でも50部までが限度です。残りをいま急いで印刷させております」

当時、印刷物の技術は未発達で、出版物を出すこと自体が最大の難問になっていました。寒天版とは、寒天にグリセリンをまぜて木箱に流しこんで固め、その上に特製のインクで書いた和紙の原紙を転写して、原版をつくるものです。これに用紙をのせて1枚1枚手で刷っていくので、印刷はせいぜい50枚程度が限度です。役所では、印刷機が輸入されて使われていましたが、高価なものなので買うことはできません。

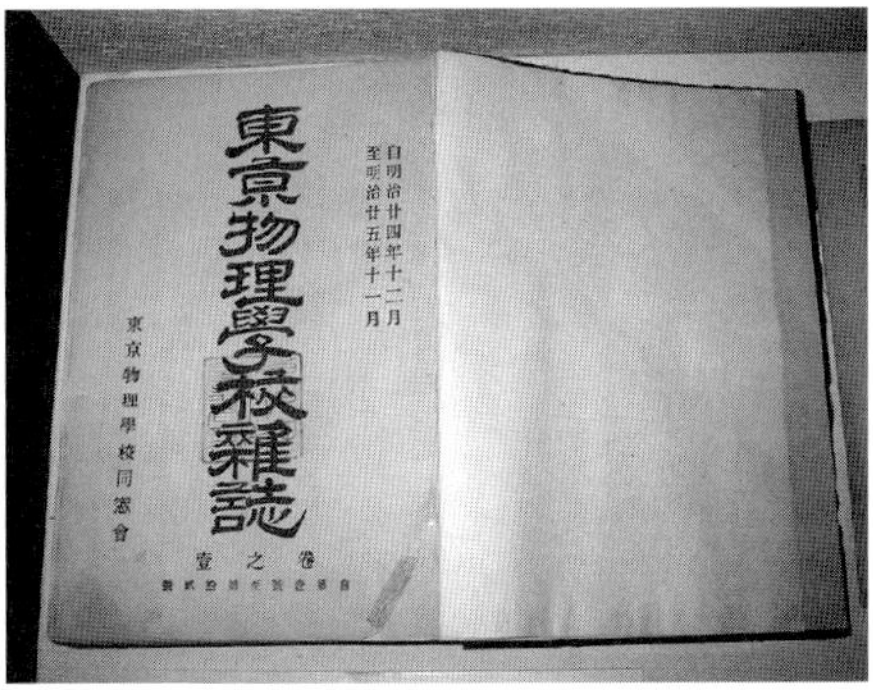

明治24年12月に発刊された『東京物理学校雑誌』。明治22年6月に『東京物理学校同窓会雑誌』が発刊されたが、7号の発刊で中断し、1年間の休刊を経て学術雑誌として再発刊された。

準備から1年かかった雑誌の発行ですが、そこに至るまでには様々な課題がありました。雑誌発行には費用も必要だし組織も必要になります。そこでまず同窓会を結成しようという話になりました。そのとき寺尾は「単なる親睦《しんぼく》を目的にした同窓会では意味がない。維持同盟の目的にある理学普及の目的に沿い、物理学校の教育理念を支援するような団体でなければならない」と提案しました。

校長、幹事、主計（会計）が物理学校の三役です。寺尾、三守守《みもりまもる》、桜井房記《さくらいふさき》の三役が何度となく集まっては、同窓会結成の規則案をつくっていきました。発足した同窓会の規則の第1条は、「本会は理学の普及を助け併《あわ》せて同窓の親睦を厚くせんこと」とありました。発刊第1号の冒頭で、寺尾は物理学校の創設の理念をはずれることなく、理学普及のためになる雑誌を発刊することを明確に宣言しました。

雑誌に掲載される内容は、純粋な学術論文と理学教育に関する論文が多くなりますが、巻末には当時の理学界の人物往来や内外の研究ニュースなどをこまめに収録しています。論文の投稿者は物理学校の教師が多いのですが、他の大学の多くの研究者も投稿するようになります。たとえば理論物理学者の長岡半太郎《ながおかはんたろう》（1865〜1950年）は「万国度量《どりょう》衡《こう》ノ起源及ビ其《その》沿革」というタイトルで明治25（1892）年7月号から4回にわたって連載しています。

長岡は寺尾や難波正《なんばただし》、三輪桓一郎《みわかんいちろう》とは東大で同僚教授という間柄として親しい関係にありました。長岡が国際的な物理学者として脚光を浴びるようになったのは、明治33

（1900）年にパリで開かれた第1回万国物理学会に招かれ、「磁気歪《じきひずみ》」の演題で講演してからです。その後長岡は、原子の構造に関する理論研究に没頭し、明治36（1903）年には新しい考えを発表します。当時、原子の構造がまだはっきりしていなかったころですが、長岡が提示した土星型の構造をしているとの考えは、中心部分が陽電気を帯びた球であり、その外側を数100から10万個くらいの電子が環状に取り巻いているというものでした。

長岡半太郎

結果的にこの考えだけでは、原子構造を説明することはできませんでしたが、長岡は常に世界の先端の理論物理学を取り入れ、自らも追求していく学者として知られるようになります。明治28（1895）年にレントゲン（1845〜1923年）がX線を発見したとき、ベルリン大学に留学していた長岡半太郎は早速、日本の学界にもこの快挙を知らせてい

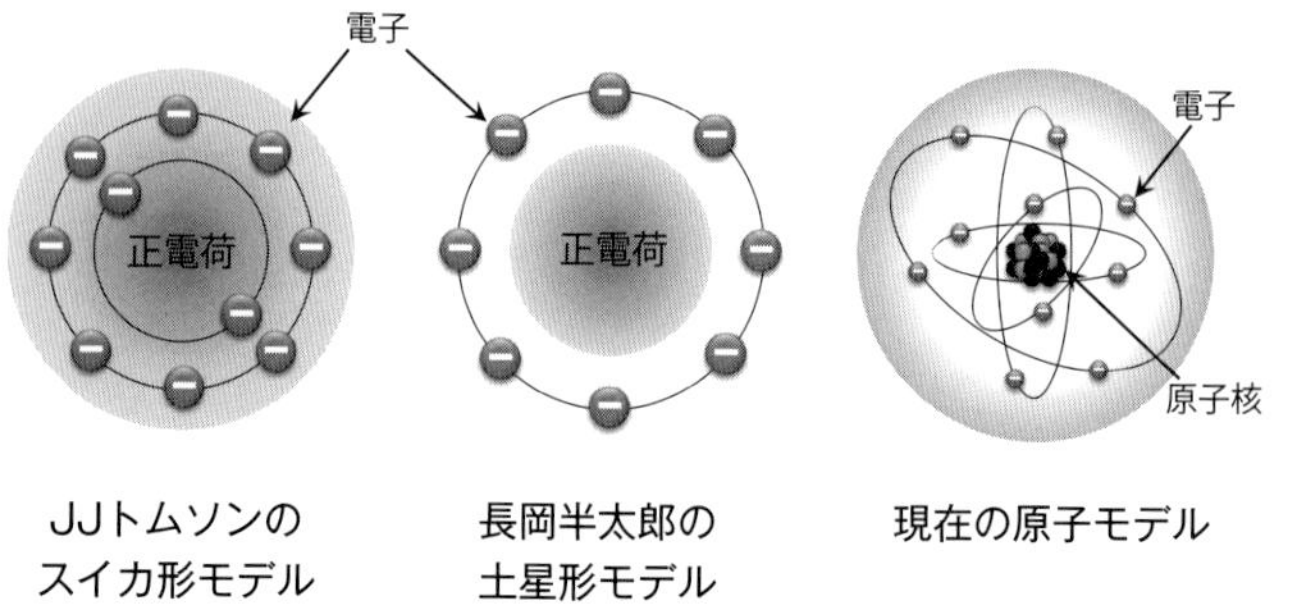

長岡半太郎の原子モデル　（作成：小野田淳人）

ます。翌年3月に発行した『東洋学芸雑誌』に掲載された記事には、長岡が送ってきた歴史的な手の骨のX線写真が出ています。

長岡は、他人の研究に対して厳正な評価をする研究者としても優れていました。ノーベル物理学賞と化学賞の選考を担当しているスウェーデン王立科学アカデミーは、長岡に1929年から1949年まで実に21年間にわたり、ノーベル物理学賞受賞候補者を推薦する推薦者として依頼しています。推薦者になるには学術研究で実績をあげている人だけであり、国際的に知られている研究者だけでした。

推薦者になるだけでも世界第一級の科学者として認められている証拠ですが、もっと偉大なこと

明治23年ごろと思われる東京大学理科大学の教師たちの写真。日本の理学を立ち上げたそうそうたる人物が勢ぞろいしている珍しい写真だ。（山田直氏の提供による）
前列右から、長岡半太郎（物理）、難波正（物理）、平山順（天文）
中列右から、酒井佐保（物理）、熊沢鏡之助（数学）、藤澤利器太郎（数学）、隅本有高（数学）、菊池大麓（数学）、北条時敬（数学）
後列右から、寺尾寿（天文）、山川健次郎（物理）、山口鋭之助（物理）、三輪桓一郎（数学）、実吉益美（物理）

は長岡が推薦した候補者は全てノーベル賞を受賞していることです。たとえば、日本人として初めてノーベル賞を受賞した湯《ゆ》川《かわ》秀《ひで》樹《き》（1907～1981年）を最初に物理学賞の受賞候補者として推薦したのは長岡でした。

写真は明治23（1890）年ごろ、東京大学理科大学で教《きょう》鞭《べん》をとった教師の写真です。日本の物理学、数学、化学、天文学など自然科学分野の学問を創造した歴史上の人物14人の写真であり、きわめて貴重なものです。写真に写っている多くの学者が『東京物理学校雑誌』に寄稿しており、多くの優れた論文を残しているのです。

社会的中心になって活動する同志たち

物理学校維持同盟を結成した16人の同志たちの多くは、学校の教諭、教授として教育に携わっていましたが、この中でもひときわ出世頭になっていたのは校長の寺尾寿でした。すでに数学と物理学界ではリーダー格の一人として頭角《とうかく》を現していました。

この時期になると、東京を離れていく同志たちも出てきます。東京を離れればその間、物理学校の授業からも離れることになります。卒業から10年ほど経ったころの同志たちの活動をまとめると表のようになります。

鮫島晋《さめじましん》は卒業後、東京高等女学校の教諭をしていましたが、明治21（1888）年になって文部省から非職を命じられます。非職とは「官吏の地位はそのままで職を免じられること」

■物理学校創立から10年後(明治24年)、維持同盟の同志たちの社会活動

	維持同盟者	年齢	職業
明治11年卒	寺尾　寿	35	東京大学理学部教授、東京天文台長
	桜井房記	38	熊本県第五高等中学校校長
	千本福隆	37	高等師範学校教授
	中村恭平	36	福島尋常師範学校校長
	信谷定爾	34	病気療養中
明治12年卒	中村精男	36	中央気象台技師
	鮫島　晋	39	東京物理学校教師
	高野瀬宗則	38	駒場農学校教授
	難波　正	32	第２高等中学校教頭（仙台）
	矢田部梅吉	34	農商務省特許局審判官兼高等商学校教授
	和田雄治	31	内務省技師、気象担当
明治13年卒	三守　守	33	東京工業学校教授
	三輪桓一郎	30	学習院教授兼東京帝国大学理科大学助教授
	保田棟太	35	第１高等中学校教授
	桐山篤三郎	34	長崎県尋常長崎中学校教諭
	玉名程三	30	鹿児島県造士館教諭

とあります。つまり無職になったのです。鮫島は同志の中で最年長であり、39歳になっていました。非職となった理由は分かりませんが、無職になった鮫島は物理学校の専任教師となり、物理学、三角法、音学と3教科を担当しました。

　同志の中でも秀才とされていた信谷定爾《のぶたにさだじ》は、大学卒業後、そのまま残って理学部助教となり観象台の観

測係となりました。しかしすぐに助教授に昇格しその後、陸軍士官学校の算学教官となり、ほどなく陸軍省陸軍教授に昇格し幼年学校の教官も兼務することになります。

信谷は非常に温厚で口数も少ない男でしたが、いざという場になると自分の意見をはっきりと言う男でした。その言葉づかいは決して強く響きませんが、説得力がありました。物理学校の会合で同志たちの意見が対立するようなことがあっても、信谷が発言すると自然とその方向で決まることがありました。

信谷はいつのころからか肺結核に侵されていました。士官学校兼幼年学校の教授として勤務していましたが、生徒たちに伝染させる恐れがあると言って、明治23（1890）年7月に自ら辞職を申し出て、療養に努めることになったのです。信谷は療養中に、ときたま物理学校に来ることがありました。若い生徒らに肺病を移してはならないと教壇に立つことはなかったのですが、事務所の片隅で暗い明りを頼りに書物を広げていることがありました。

あるとき寺尾がその姿を見つけ「体のほうはどうか。あまり無理してはならんぞ」と声をかけました。寺尾と信谷は同期の桜です。信谷は青白い顔を向けて「もう一度勉強をやり直したい」とつぶやくように言いました。寺尾は「健康を取り戻すことが第一だ。まず療養に努めて快復をはからんとな。それからでも遅くない」と優しく言いました。信谷が広げていた書物はフランス語の本であり、寺尾がフランス留学のときに持ち帰った天文学の文献でした。寺尾はそれを垣間見た瞬間、健康であればこの男をフランスに留学させてやりたいと思いました。信谷が若いときから、天文学に興味を示していたのを知っていたからです。

明治26（1893）年11月9日、療養の甲斐なく信谷は37歳の生涯を閉じました。維持同盟の同志たちの中で初めての死去でした。告別式で葬儀委員長になった寺尾は、物理学校を代表して弔辞《ちょうじ》を読み上げ、物理学校設立時に事務的で地味な仕事を買って出て同志たちをおおいに助け、台風で倒壊した教室の後片付けで、数日間にわたって後始末に取り組んだ日々を称《たた》えました。最後に「健康を取り戻し、好きな天文学を修学するためにヨーロッパ留学を実現させてやりたかった」と信谷の遺影に語りかけ、参列者の涙を誘いました。

本邦初の物理学教科書を刊行

現在の東京工業大学の前身である東京工業学校の教授をしていた三守守は、明治26（1893）年の晩秋のころ、できあがったばかりの新刊本を携えて東京帝国大学や文部省を回って歩いていました。東京帝国大学理科大学長室に入った三守は、風呂敷包みから『普通物理学教科書』（三守守編纂《へんさん》）を取り出し、うやうやしく学長の菊池大麓《きくちだいろく》に差し出しました。

「ほう、立派な教科書じゃ。本邦初の物理学の教科書になるな」

菊池は労をねぎらいながら、まるで精査するように丹念にページを繰っています。三守は「仲間が大勢で書いたものであり、私は単に代表として編纂者となったものです」と謙遜《けんそん》しながらも、満面に笑《え》みをたたえて嬉しさを隠しきれない様子です。

この教科書は上中下の3巻で完成するものですが、今回刊行したのは上巻の『重力及び熱学』です。中巻は『静電気及び流動電気』、下巻が『音響及び光学』の予定でした。執筆者は全員、物理学校の維持同盟の同志たち16人であり、文字通り物理学校がつくった教科書でした。

「本邦初の日本語の教科書は、東大ではなく物理学校がつくってしまった。東大が先を越されてしまった」と菊池は軽い口調で言いました。

「とんでもありません。物理学の初歩的な内容ですから、東大の授業で使用する原著とは比べ物になりません」と三守はあわてて言いました。

物理学校の教科書も整い、卒業生に対する社会の評価はきわめて高いものになっていきます。「物理学校を出てきたものは本物だ」という評価が固まってきたのです。

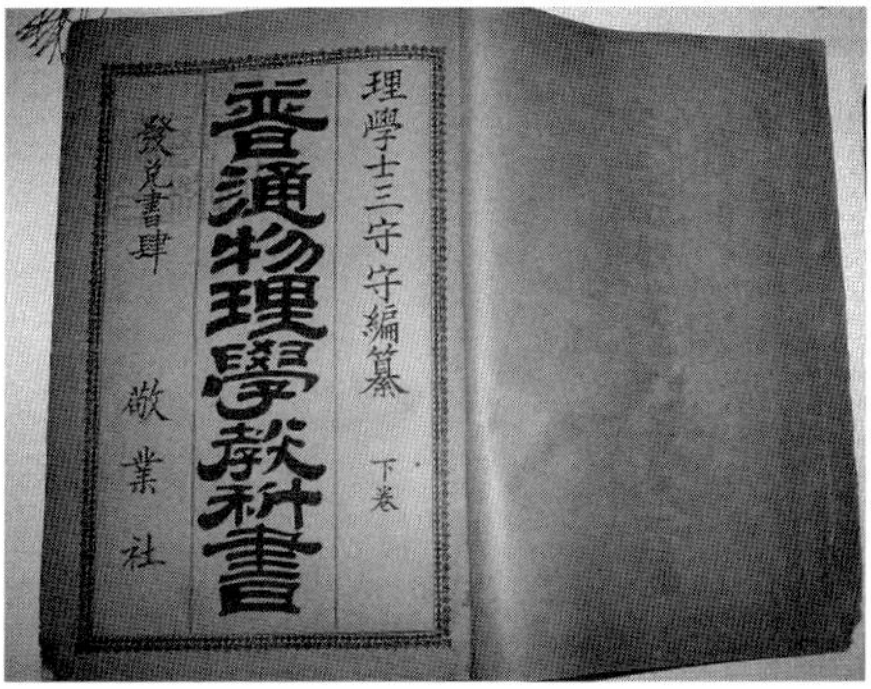

東京理科大学近代科学資料館に展示されている『普通物理学教科書(下)』(三守守編纂)。この教科書の(上)は、日本で初めて登場した物理学教科書である。

度量衡《どりょうこう》を学ぶ学科を新設

明治24（1891）年9月のことです。同志の高野瀬宗則《たかのせむねのり》が、物理学校の事務室で寺尾の授業が終了するのを待ち構えていました。高野瀬は仏語物理学科を卒業後、駒場《こまば》農学校で教鞭をとっていましたが、その後、農商務省の権度《けんど》課課長に任命され、農商務省の官僚に転進していました。権度とは、秤《はかり》やものさしという意味です。政府から命じられた任務は、わが国の「度量衡を整備せよ」というものでした。

度量衡とは、長さと容積と重さのことです。当時日本は尺貫法でした。長さは1寸、2寸……1尺、2尺……というように寸と尺という単位で表していました。1寸は約3センチ、1尺は30・3センチでした。ところが物理学など理学で使用するのはメートルとキログラムが基準になっているCGS単位でした。度量衡の統一と正確を期するため、尺貫などの基準とメートル、キログラムなどの基準をきめることになったのです。

高野瀬は、大学では寺尾の一年後輩ですが、年齢は3つ上で39歳になっていました。昼は農商務省に勤務し、夜になると物理学校で熱学を教えていました。

「何か大事な用件でもできたのかな」

寺尾は高野瀬の顔色を見ながら言葉をかけました。

「ほかでもない、度量衡のことで物理学校にお願いがあります」

高野瀬はやや緊張した言葉づかいで切り出し、説明を始めました。

政府から度量衡の整備を下命されたのですが、まず度量衡がわが国でどのくらい認識されているか把握し、その上で法律を制定しなければなりません。度量衡の機器類も整備し、それを使いこなせる人材も養成しなければならないのです。すべてゼロからの出発であり、やることがたくさんあるので同時平行で進めなければなりません。秤やものさしは普及していましたが、正確さという点でははなはだ疑問でした。よからぬ商人が重さや長さをごまかすために特製の秤やものさしを持っていたり、そういう商人を相手に怪《あや》しげな秤、ものさしを売っている業者もいたのです。こうした不正を根絶するには、一日も早く度量衡を確立しなければなりません。

高野瀬は意を決して、わが国の産業界の発展と国際的な活動を軌道に乗せるためにも、度量衡法の制定が最大の課題であると大臣を説得し、ようやく度量衡法が制定されることになったのです。明治23（1890）年、第1回帝国議会に提案し、両院で認められたばかりだというのです。

高野瀬はそこまで説明すると寺尾に向かってこう言いました。

「制度はできたが、わが国には度量衡の機器を検定したり、製作する際の知識を有するものが決定的に不足している。そこでたっての願いだが、物理学校でその人材を養成する学科をつくってもらえんだろうか」

人材養成はもちろん国に課せられた課題ですが、国の機関でやるようになるには、これから先どのくらい時間がかかるか分かりません。高野瀬もそれを見越して頼んできているに違いないのです。寺尾は即座に言いました。

「よし、やろう。協力する。同志が困っているときに、見放すようなことはできない。君が中心になって科目を考えてくれんか」

寺尾はそのとき、あの雪の日の高野瀬の行動を思い出していました。雪が降りしきる中を駒場から雪を掻《か》き分けながらやっとの思いで教室にたどりついてみれば、生徒は誰も来ていない。仕方なくまた雪道を駒場の寮まで引き返していきました。実直で辛抱強い高野瀬の性格がよく出ている話です。いまその高野瀬が困っているのです。

寺尾は立ち上がると物理学校書記の菅生温蔵《すがおおんぞう》を呼び出し、幹事の三守守、主計の三輪桓《みわかん》一郎《いちろう》が物理学校に来る日を調べさせ、すぐにも学校経営の会議にかける準備を言いつけました。寺尾の判断は的確であり、いったん決断すると行動が早いのです。事務処理能力のすぐれた書記、菅生がまたそれに迅速にこたえてくれます。

「国に任せていたらいつになるか分からん。物理学校だからこそ臨機応変に対応できるし、即戦力になる人材を養成できる。これは本学の理学普及の基本方針とも合っているし、学校経営上も損な話ではない」

寺尾の言葉に高野瀬は感激し、こみ上げるものをこらえながら、何度も何度も頭をさげていました。

高野瀬を中心として度量衡科の骨格が検討され、ほどなく修業年1年2学期の度量衡科の課程が固まり、各国の度量衡制度、測度器論、度量衡論、実験などの科目をつくりました。

こうして物理学校の社会的な役割がまた増えていったのです。

■物理学校創立から20年後(明治34年)、維持同盟の同志たちの動向

	維持同盟者	年　齢	職業など
明治11年卒	寺尾　寿	45	東京帝国大学理科大学教授、東京天文台長
	桜井房記	48	熊本県第五高等学校校長
	千本福隆	47	高等師範学校教授
	中村恭平	46	新潟師範学校校長
	信谷定爾	死去	明治26年11月9日死去。享年36歳
明治12年卒	中村精男	46	中央気象台長、東京物理学校校長
	鮫島　晋	49	長野県小諸義塾講師
	高野瀬宗則	48	農商務省権度課長
	難波　正	42	京都帝国大学理工科大学教授
	矢田部梅吉	44	病気療養中
	和田雄治	41	内務省技師、気象担当
明治13年卒	三守　守	43	東京工業学校教授
	三輪桓一郎	40	京都帝国大学理工科大学教授
	保田棟太	45	第一高等学校教授
	桐山篤三郎	44	長崎県尋常長崎中学校校長
	玉名程三	40	第三高等学校教授

第6章 寺《てら》尾《お》寿《ひさし》が日本で初の数学教科書を刊行

算術は学問であり単なる計算ではない

東大教授兼東京天文台長と東京物理学校校長も兼務する寺尾寿《てらおひさし》は、明治27（1894）年の暮れも押し詰まったころ、東京大学総長室に浜尾新《はまおあらた》を訪ねていきました。寺尾はそのころ、天文台の観測装置の整備を急ぐ案件で、たびたび浜尾に面談を求めることが多くなっていました。このときの寺尾は、3年後の明治30（1897）年に出現するインドでの皆既日食に、日本で初めての学術遠征隊を派遣する案件を持ってきたのです。この時代、国際間にわたるような天文観測については、数年先から郵便で外国との情報交換を始める必要がありました。観測するパリ天文台から寺尾のもとに、早くも観測派遣について打診が来ていたのです。派遣するにも国の予算を取りつけなければなりません。

寺尾は総長の浜尾とひとしきり天文観測の派遣について予算の取りつけの協力を仰ぎました。話の区切りがついたところで、寺尾があらたまって言い出しました。

「総長、ほかでもない物理学校の件です。来年2月の卒業式の際にご祝辞を賜《たまわ》りたいと存じ、ご臨席いただければ光栄ですが、いかがなものでしょうか」

「物理学校も年々、大きくなっているようだが、いまどのくらいの生徒がいるのかね」

「おかげさまで年間600人から700人という規模になっています。卒業資格の履修では厳しくしているので、卒業者はどうしても年に20、30人といったところです」

「ということは相当に厳しい履修基準だな。物理学校を出たものは実力がついているというので、どこでも評判になっているのはこのような厳しい履修基準があるからだ。卒業式に呼ばれるのは、こちらこそ名誉である。寺尾の物理学校であり、貴君からの頼みとあれば断るわけには参らぬ」とこたえました。

「寺尾の物理学校」という言い方に、寺尾はあわてて手を左右に振ってそのようなという意を示しました。何かにつけそのころから「寺尾の物理学校」という言葉が独り歩きしていました。次のページの表は明治時代に物理学校に入学した生徒数と卒業した生徒数です。これを見ると、年によって大きな開きがあるものの、大体、卒業する人は入学者に対し数パー

■明治時代の物理学校の入学者数と卒業者数

明治14年の創設時から同17年までの記録は残っていない

和暦	西暦	入学者	卒業者	卒業率
明治18	1885		1	
明治19	1886	106	1	0.9
明治20	1887	237	6	2.5
明治21	1888	520	4	0.7
明治22	1889	982	21	2.2
明治23	1890	727	17	2.3
明治24	1891	765	29	3.8
明治25	1892	707	62	8.8
明治26	1893	636	65	10.2
明治27	1894	512	27	5.3
明治28	1895	452	34	7.5
明治29	1896	681	25	3.7
明治30	1897	686	16	2.3
明治31	1898	634	15	2.4
明治32	1899	719	17	2.4
明治33	1900	534	18	3.4
明治34	1901	833	39	4.7
明治35	1902	894	26	2.9
明治36	1903	1,206	33	2.7
明治37	1904	913	33	3.6
明治38	1905	922	50	5.4
明治39	1906	1,083	51	4.7
明治40	1907	1,079	58	5.4
明治41	1908	926	54	5.8
明治42	1909	817	59	7.2
明治43	1910	854	96	11.2
明治44	1911	791	67	8.5

セントという厳しさです。1年を2学期として、前期を及第しないと後期へは進学できないのです。そのころから、2回落第した生徒は退学処分になるという厳しい校則を決めていました。

物理学校の数学の授業では、日本人が初めて書いた数学教科書を使っていました。それは歴史に残る寺尾の編纂《へんさん》した『中等教育算術教科書』です。初版は明治21（1888）年2月22日であり、その後何版にも版を重ねていました。江戸から明治初期の算術教科書は、いずれも外国人の書いたものを翻訳したものですから、日本人の編纂したものはこれが初めてでした。

寺尾の『中等教育算術教科書』について少し触れておきましょう。明治10（1877）年ころ、愛知県の士族、尾関正求が書いた『数学三千題』という教科書が大流行となりました。この教科書は、アメリカの数学教科書を翻訳して和算の問題をつけたし、やや日本式にしたものでした。問題を公式で解くことを目的としたものでした。機械的、形式的に問題を解いていくものであり、中学校の入学試験を突破するにはこれがいちばんいいと言われました。

これでは知識の実質的な獲得にはなりません。しかしこれをきっかけに中学入試の受験参考書として『代数学三千題』、『実用数学三千題』、『新撰筆算五千題』などが次々と出版され、『数学三千題』は明治19（1886）年に小学校教科書として文部省の検定に合格するのです。寺尾はこれを見て我慢ができなくなり、独自の教科書をつくらねばという気持ちになり、ついに2年後に『中等教育算術教科書』を世に出すことになったのです。このとき寺尾は大略次のように出版理由を述べています。

「算術は学問（サイエンス）であり、人がどのように呼ぼうと術（アーツ）ではない。理論をはずして算術を教えようとすることは、解剖学を教えないで外科の手術を教えるようなものだ。定義も教えないで定理も証明しないで、ただ問題だけで算術を教えようとするのはいい教え方ではない。

いまの算術は、ただ生徒の精神を圧倒する道具であり、おもしろいと思わせていない。生徒には算術を面倒なものと嫌がらせてしまっている。あげくに学校嫌いにさせるものだ。

自分がこの本を出すのは、教育の弊害を救うためである」

こうして寺尾は、子供たちが将来必要とする数学的な知識と技能、有用な数学の知識を持つようになるための教科書が必要だと思い、理想的な教科書を世に出すのです。

日本人が独自に編纂した算術教科書としては初めての『中等教育算術教科書』（寺尾寿編纂、敬業社）

明治28（1895）年の年が開けて間もなく、物理学校卒業生の有志が校長の寺尾を訪ねてきました。寺尾の勧めで着席すると、代表が目録を出して広げました。

「母校の物理学校への恩返しとしては誠に些《さ》少《しょう》ではありますが、ここに同窓会を代表して、このたび新設する物理実験室の施設代金の一部を寄贈したいと存じます」

目録を見ると、物理学校卒業生たちの有志で

寺尾寿が物理学校で講義する風景のスケッチ

組織した「報徳会《ほうとくかい》」の名前が墨で書かれています。卒業生有志たちが、物理実験室の新設のために寄金を募《つの》っている話を寺尾も聞いていましたが、報徳会のような立派な組織ができて寄金が来るとは内心あまり期待していなかったのです。それだけに寺尾の心中は嬉しさでいっぱいになりました。

「卒業生の志は立派だ。諸君もよく存じているように、物理学校は有志が寄金を出して運営しているものだ。物理学校の財務はいつも困窮しているが、官庁からも財閥からも一銭ももらわずに自主的に経営していることに意義がある。それは誰からも干渉されないことであり、学問の自由にとってはたいへん重要なことだ。その伝統を受け継いでこのように寄金で物理実験室をつくることは、大いに意義があるというものだ」

寺尾は満面に笑《え》みを浮かべ、卒業生たち一人ひとりと握手して感謝の意を表しました。

明治28（1895）年2月17日、物理学校の卒業式が行われました。この日もまた東京帝国大学総長の浜尾新ら東京帝国大学の教授たちや文部省、農商務省ら行政省庁の幹部らが多数、臨席していました。物理学校の卒業式は、こうした豪華な顔ぶれが並ぶものとして、当時から有名になっていました。

来賓席と一般の参列席には報徳会のメンバーが、正装してそろっています。式辞を述べた寺尾は、卒業生だけでなく報徳会のメンバーのほうにも何度も顔を向けながら感謝の言葉を述べました。来賓を代表して浜尾が壇上に立ちました。浜尾は東大の2代目総長の加《か》藤弘之《とうひろゆき》とコンビを組み、東大育ての親とされていました。今でも東京大学構内には浜尾の銅像が設置されており、東大構内の銀杏《いちょう》並木は浜尾の発案で植えたものです。

浜尾は加藤の後に総長になって2年経っていましたが、すでに押しも押されもせぬ日本の大学教育の大御所という雰囲気を出していました。3代目総長として4年間務めたあとに文部省学務局長から文部大臣になり、上野に美術学校（現在の東京藝術《げいじゅつ》大学）を創立した後、再び第八代総長として東大に戻ります。浜尾は晩年枢密院《すうみついん》議長まで務めた明治時代の偉大な教育者でもありました。

浜尾が来賓祝辞を述べ卒業式が終わると、恒例の祝賀懇親会に移りました。卒業式の来賓に教育界の大物が列席するので、式典後の懇親会がこうした大物教育者らの社交の場になっていました。この日の列席者には、東京帝国大学理科大学の学長である菊池大麓《きくちだいろく》、同教授の山川健次郎《やまかわけんじろう》、田中館愛橘《たなかだてあいきつ》の顔が見えます。

寺尾は田中館の顔を見て歩み寄ると「おい、元気でやっているか」と優しく肩に手を置いて声をかけたのです。寺尾は田中館の1年先輩であり、東大の学生時代は同級生のような仲間意識で付き合っていました。田中館は2年前に結婚して翌年、長女の誕生に恵まれたものの夫人が産後に急逝《きゅうせい》するという不幸に見舞われ、それからまだ1年も経っていないときでした。寺尾が「元気か」と言葉をかけたのも、そのような事情があったからです。

田中館は岩手県二戸《にのへ》市で生まれ、藩校で和漢の学を修め、16歳で上京して慶応義塾《けいおうぎじゅく》に入って英語を学びました。田中館はたちまち英語を習得し、20歳のときに東京開成学校（後の東大）に進学し、26歳で東大理学部を卒業し成績優秀であるためにすぐに準助教授となったのでした。重力や地磁気の測定に取り組み、観測のために日本各地を歩き、イギリス、ドイツに留学し、明治24（1891）年に帰国するとすぐに教授に昇格しました。35歳のときでした。

田中館は若いときからローマ字に興味を持ち、生涯、「日本式ローマ字」の普及に努力しました。田中館は『TOKI WA UTURU』（時は移る）という著作を残していますが、その中で「日本式を実地にとなえ始めた人は、天文学教授の寺尾寿である」と書き残しています。寺尾は田中館とともにローマ字の普及に取り組んだ仲間でした。

田中館愛橘

日本の気象学を確立した中村精男《なかむらきよお》

日本は西欧の文化を急速に取り入れ、近代化に向かってまっしぐらに進んでいました。繊維工場を中心に官営の工場が次々と払い下げられ、近代化した工場が各地で稼動を始めます。政府の富国強兵政策にのって、日本でも産業革命が進んでいきました。

近代化の波は気象観測にも及んできました。日本には江戸時代から独自の気象学が芽生えていましたが、来日した外国人が西欧の気象学を持ち込み、彼らの助言もあって明治5（1872）年には、日本で初めての気象観測所が北海道の函館に開設されました。続いて東京の赤坂区溜池《ためいけ》に東京気象台が設置され、地震観測と気象観測が開始されたのです。そして明治16（1883）年には東京気象台で初めて天気図を作成して毎日印刷して配布するまでになったのでした。

同志で寺尾の一期後輩である中村精男《なかむらきよお》は、日本の気象観測の近代化に取り組み、気象業務を軌道に乗せて定着させた貢献者でした。中村は長門国《ながとのくに》（現在の山口県西半部）に生まれ、名前を清男《きよお》と届けられましたが転籍のときに役場の係が間違えて精男としたため、生涯、精男で通しました。少年のころから才覚を現し、吉田松陰《よしだしょういん》が主宰した私塾で有名な松下村《しょうかそん》塾《じゅく》に入ったあと、明治5（1872）年に上京して大学南校（東大の前身）に入りました。大学を卒業後すぐに内務省地理局の職員となり、測量・測地・天測掛として編暦業務に従事していました。明治19（1886）年から3年間にわたってドイツに留学、ベルリン大学やハンブルク海洋気象台で気象学をみっちり研究して帰国しました。西欧の近代的な気象学を習得した中村は、帰国後、日本では気象学の第一人者として活躍するのです。

中村精男は次々と新しい論文を書きましたが、その中でも「快晴と曇天の日における気圧の変化について」、「数日間連続せる天気について」など、日本で初めての気象論文を発表し『気象観測常用表』を刊行しました。そして統計課長時代の明治26（1893）年に、日本の気候を学術的に取り扱った後世に残る『日本の気候』という論文を英文で執筆して刊行し、シカゴで開催された万国博覧会に出典されました。この論文は本文109ページ、図版40枚からなる大作でした。英語、フランス語、ドイツ語に堪能《たんのう》であり語学力では同志の中でもっとも実力があると認められていました。和文より先に英文で論文を書いたところに、中村の力量が現れていたのです。

こうした多くの業績があったことから、明治28（1895）年8月30日付けで、第3代中央気象台長に任命されたのは、中村精男40歳のときでした。それから中村は大正12（1923）年2月の退任まで実に29年間にわたって中央気象台長の要職を務めることになるのです。

第7章
第2代校長に引き継いで さらに発展

富士山頂に観測所建設を進める若者を支持する和田雄治《わだゆうじ》

東京物理学校の電気学の授業は、生徒たちに人気のある授業であり、教室はいつも満員でした。教師は中央気象台技師の和田雄治でした。和田は豊富な実験例を織り込みながら、分かりやすい簡明な説明を加えて授業を展開するので、生徒に人気があったのです。和田に感銘を受けた物理学校卒業生の多くが、その後気象台へ就職していきます。

和田は福島県の奥州《おうしゅう》二本松で生まれましたが、子供のころから神童と言われるほど才気に恵まれた男であり、14歳で開成学校（後の東大）仏語諸芸学科に入学し、明治12（1879）年に東大理学部仏語物理学科を19歳で卒業しました。卒業間もなく内務省技師となり、昼は気象台で気象業務をこなし、夜になると物理学校で教鞭《きょうべん》をとっていました。

明治26（1893）年の夏ごろのことです。和田がいつものように授業を終えて教師控え室に戻ってくると、校長の寺尾寿《てらおひさし》が待っていました。

「ほかでもない、貴君に折り入って相談がある」と寺尾が切り出したので、和田もやや緊張して寺尾と対面しました。聞いてみれば、野中到《のなかいたる》（1867〜1955年）という和田より10歳ばかり若い青年の身の上のことでした。到の父親の野中勝良《のなかかつよし》は、東京控訴院判事をしているエリート官吏であり、かねてから寺尾と交友関係にあるのですが、その長男の到が東京大学予備門を中退して富士山頂に気象観測所を設立するために奔走《ほんそう》しているというのです。

「親父の勝良は、ほとほと困って勘当《かんどう》しようとも思うがそうもいかず、どうしたらいいものかと相談に来た。それでわしはすぐに貴君のことを思い出し、同志に和田君という優秀な気象技師がいるから彼の意見を求めようと言ってしまった。どう思うかね」

和田は聞いた瞬間、ああ、あの話かと思いました。野中到のやや無鉄砲とも思える活動は、気象台でも折々話題になっていたのです。和田はしかし到の活動に対し、数少ない理解者と見られていました。

中央気象台には中村精男《なかむらきよお》と和田雄二の２人の同志がいます。２人は同期生ですが中村は4歳年上であり性格がまるで違います。寺尾がこの相談を和田にしたのは、中村は熟慮肌で判断に時間がかかりますが、和田は行動派であり即断即決というタイプなので、適切な助言をすぐに出すと考えたからでした。それに和田は、明治13（１８８０）年８月３日から5日にかけて富士山頂で初めて気温、風力、重力測定などを行ったことがあるのです。お雇い外国人で東京大学で物理学を教えていたメンデンホール（１８４１〜１９２４年）と内務省地理局測量課に所属していた中村精男、東大理学部の学生らが参加したもので、和田は富士山頂での最初の気象観測という経験があったのです。

　寺尾の質問に和田は即座にこたえました。

「世界的に見ても、３７７６メートルの富士山より高い場所で気象観測しているのは、南米のエル・ミスチー山とフランスのモンブラン山だけです。しかし、このどちらも夏期の観測しかしていない。もし富士山で冬期の観測もしたらそれこそ世界最初の記録となり、学術的な価値は計り知れない。また国威を大いに発揚することになりましょう」

「それほど価値あるとは知らなかったが、わしは、若い青年のチャレンジだから、実は富士山の山頂に観測所を設立するのは賛成だと言ってやった。そう言ってよかった。専門家の貴君も賛成していると野中君に伝えよう」

和田の助言が自身のコメントと合致したことに寺尾は、ほっとした表情をしました。野中勝良は、寺尾から聞いた和田のコメントに心を動かされ、ついに息子の到の遠大な計画に協力することになるのです。

行動を起こした野中到は、明治28（1895）年2月26日、冬期の富士登山に日本で初めて成功するという金字塔を打ち立てました。それまで、強風が吹き荒れ厳寒の冬の富士登山は、誰も成功しなかったのです。続いて野中到は、支援者らからの寄金をもとに富士山頂に私設の観測小屋を建設したのです。

そして同年10月12日、夫人の千代子《ちよこ》とともに山頂の小屋に籠《こ》もり、中央気象台の委託を受けて冬期の観測を始めました。技術指導をしたのは和田でしたが、千代子の同行には反対しました。冬の富士山頂の厳しい気象条件の中で、女性が活動するのは体力的にも無理と思ったからです。しかし千代子はそれに逆らって決行します。

野中夫妻は、毎日2時間おきに気温、風向、風速、気圧などの観測を続けますが、高山病と脚気《かっけ》に襲われて重篤《じゅうとく》になり、12月12日に陣中見舞いに来た村人に、重篤に陥っている病状を察知されます。到はそのとき独力で起き上がることもできませんでした。下山を勧める村人に対し、夫妻は頑《がん》として言うことを聞かないばかりか、誰にも言うなと硬く口止めを約束させるのです。

しかし間もなくこの事実は中央気象台に伝わり新聞にもスクープされ、全国から中央気象台に非難轟々《ごうごう》の声が集まってきました。このとき、矢面に立ったのは和田雄二でした。しかし彼は間髪入れずに救援隊を組織し、救援に必要な特性かんじきを大至急で発注するなど迅速に対応します。そして数人の屈強な強力《ごうりき》を従えて自ら山頂まで登山を決行するのです。そして野中夫妻を説得し、疲労困憊《こんぱい》で憔悴《しょうすい》している2人を強力たちに背負わせ、強制的に下山させました。冬期の富士山頂の気象観測はこうして途中までできて挫折しましたが、野中夫妻はその後も通年観測ができるような施設を建設しようと精力的に活動します。

しかし厳冬期には最高気温がマイナス18度前後になるという自然の脅威の前に、富士山頂の冬期観測はなかなか実現できませんでした。

それから37年後の昭和7（1932）年7月1日、国が総力をあげて富士山頂に通年観測所を完成させてようやく冬期観測が実現しました。千代子はその実現を見ることなく大正12（1923）年2月22日にインフルエンザにかかって急逝《きゅうせい》していました。野中到は、その日から二度と富士山頂での冬期観測の実現を口にすることはなかったということです。千代子と悪戦苦闘したあの観測体験があればこそ、夫妻でもう一度挑戦して成功させようと燃えていたのです。その千代子が亡くなったことで到の闘志は消滅してしまったのでしょう。この感動的な実話は、新田次郎《にったじろう》（1912〜1980年）の小説『芙蓉《ふよう》の人』（文春文庫）に余すところなく書かれています。

和田は、このように野中夫妻の理解者であり、支援者として陰から支えた気象技師でした。彼は卒業後40年間にわたって終始一貫、気象観測の現場に張り付いた技師として日本の気象学の発展に寄与しました。和田は朝鮮総督府観測所の初代所長になったのをはじめ、中国、台湾など東アジアの気象観測と日本近海の海洋調査による気象研究、山岳、河川の気象研究、洪水予報の研究など多岐にわたって多くの業績を残しました。和田はフランス語が堪能《たんのう》であり、日本語より先にフランス語で論文を書いて国際的な気象雑誌に投稿し、外国の研究者からも注目されていました。晩年は三省堂《さんせいどう》から依頼されて『仏文字典』の編纂《へんさん》にも従事するほどだったのです。

突然の校長交代の申し出に驚く

お壕《ほり》に面した中央気象台の台長室で、中村精男は朝から役所の決済に追われていました。気象業務は膨張の一途であり、観測技師や一般職員も増える一方だし、観測機器類も次々と新しいものを整備しなければなりません。気象業務が増えたのは、国民一般の社会活動と気象との関係が密接に関わってきたからです。四季がある日本では気象情報は社会活動をする上で重要な情報になっていました。加えて急速に進む軍事拡張で、海軍と陸軍は気象業務に重大な関心を抱くようになったのです。

中村は庁内からあがってくる業務の計画案を聞くと、いろいろと自分の意見を言いますが、提示された案に賛成なのか反対なのか明言をしません。幹部職員もこれには困ってしまいましたが、ほどなく中村の癖《くせ》を見抜くのです。発案に賛成しないときには、紙に何か書いて細かく論議をするようになります。だから台長が紙と鉛筆を持ったらその発案に不賛成なのだと思うことにしたのです。

台長は夜になると物理学校の教師という顔を持っていました。中村は解析幾何、地球物理などを担当します。中央気象台長という要職にある人だけに、生徒は近づきがたい先生と映っていましたが、実は生徒に教えることを楽しみにしていたのです。

中村は鶴のような細くやせた体で、声が小さく、しかも低音で語尾が不明瞭ときているので、聞き取りにくいのです。生徒はみな悩まされましたが、だんだんなれてくるとこれがなかなかの名講義であることが分かってきます。中村の授業のときは、前の席に座らないと聞きにくいというので、席の取り合いが激しくなっていました。

明治29（1896）年2月の雪がちらつく日でした。寺尾が突然、中央気象台に中村を訪ねてきました。2人は社会的活動が活発になるにつけ、どちらも多忙になってゆっくり話し合う機会はありませんでした。分厚いオーバーコートに身を包み、顔を高潮させて寺尾が台長室に案内されてきました。寺尾は、応接ソファーに掛けながら話を始めました。

「物理学校のことだが、設立してはや15年になった。よくいままで続いたものだとつくづく思う。お互いそれぞれの道で活動し、年も経てきたがこの辺で経営のあり方を清新したいと思う。私に代わって物理学校の校長を引き受けてもらえないか」

中村は一瞬、寺尾の身に何か異変があったのかと思いました。しかし、見れば顔色も悪くないし、天文学界の大御所としてリーダーになっている意志が全身にみなぎっています。ふたりは同い年であり、その年の誕生日を迎えると満41歳になろうとしていました。東大教授兼東京天文台長と中央気象台長。ふたりの肩書きはどちらも、業務が膨張する組織のトップとしてますます重みを増していました。

「それは何か理由があってのことだろうか」

中村はやや遠慮がちにもの静かに言いました。

「ちょうど校長の任期が来ている。物理学校はおのれひとりが経営しているものではなく、同志みんなの学校だ。校長を長く務めていると世間では誤解する向きもあるし、同志の結束も弱くなるとも限らない。ここで清新な気を入れて、物理学校の第2世代へ脱皮してもらえないか。貴君がいちばんの適役だ。頼む」

中村は公務多忙ではあるが、それは同志みな同じです。もともと昼と夜の二足のわらじをはいていることは承知の上だから断る理由にはならないのです。中村が返事をためらっていると寺尾はさらに言いました。

「世間では、寺尾の物理学校と言う輩《やから》がいる。これを同志が聞けば、心穏やかでないものもいるに違いない。理学の普及という志をひとつにして物理学校をつくった同志として、物理学校の寺尾でいたい。何も物理学校から逃げるわけではない。貴君を校長として盛り立てていくので、是非とも受けてもらいたい」

寺尾はいったん決断すると行動は早く翻意《ほんい》することはありません。中村は決断から実行までにやや時間を要するタイプです。寺尾がここまで言うには、容易に引き下がらないことを中村は知っています。「考えさせてくれ」と言いそうになったとき、寺尾は椅子《いす》から立ち上がりながら言いました。

「来週にも維持同盟を召集して同志に諮《はか》りたい。よろしく頼む」

学生たちとスキーに行って少し雪焼けしたという健康そうな顔を中村へ向けて、寺尾は両手を差し出して握手を求めてきました。中村はその自信に満ちた寺尾に圧倒されながら相手の手を堅く握っていました。こうして第2代の校長となった中村精男は、昭和5（1930）年1月に死去するまで34年間もの長い間校長を務めることになるのです。

維持同盟の同志たちを第1世代の教師とすると明治30年代から同志以外の第2世代の教師が増えていきます。第2世代の教師たちもまた、厳しい指導を受け継いでいくのです。中でも有名なのは石谷伝市郎《いしたにでんしろう》でした。

石谷は島根県生まれで東京帝国大学理科大学理論物理学科を卒業した後、第一高等学校の教授となります。物理学校では力学（当時は重学《ちょうがく》と言った）を担当しました。授業の始

明治27年7月の卒業写真と思われる。前列向かって左から保田棟太、1人おいて3人目が高野瀬宗則、4人目は三輪桓一郎、5人目が寺尾寿、6人目が三守守、右から2人目が中村精男。

めから終わりまで黒板いっぱいに力学の問題を次々と解いていきます。生徒はそれをひたすら筆記することに追われます。理解できないうちに次々と進むので、生徒のひとりが『力学問題解集』というプリントをつくり、それを物理学校前の文房具屋で売り出しました。生徒たちはみなこれを買い求め、試験の前にはそれを丸暗記するのです。ところが試験では、このプリントの間違っているところだけが出題され、大半の生徒がこれに引っかかって失敗してしまったこともありました。

そのころ、落第させるかどうかを決め

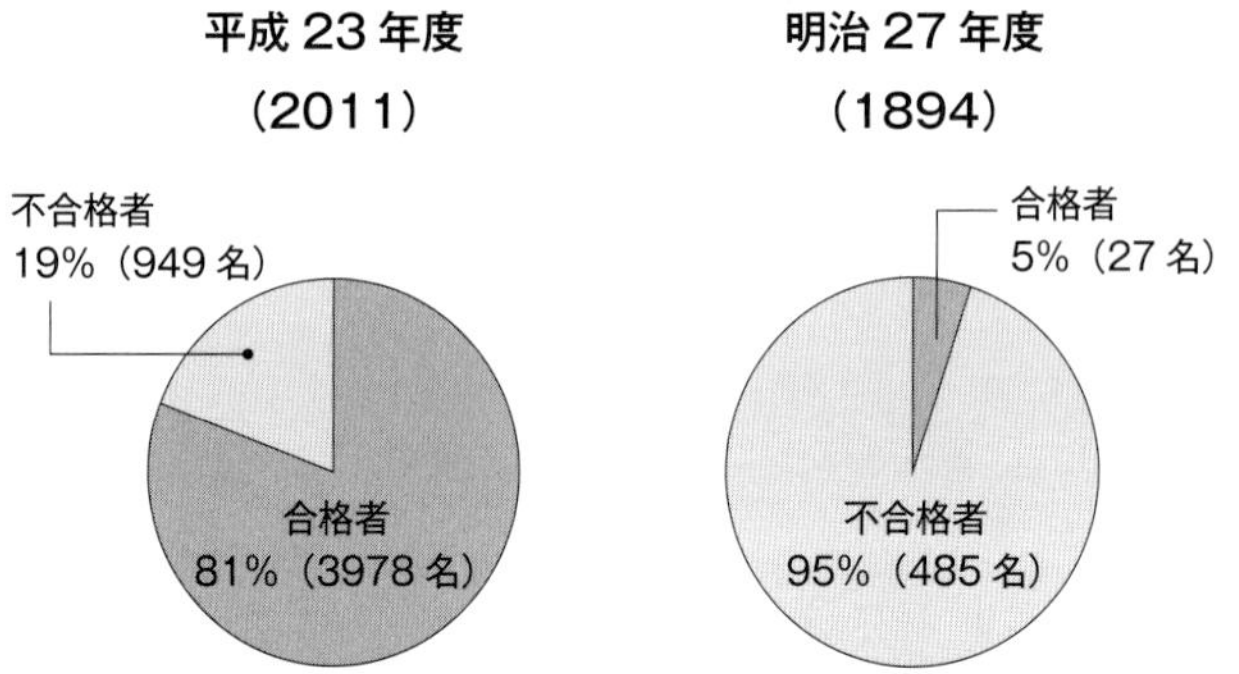

平成23年度と明治27年度の卒業生の割合の比較。明治27年度当時、卒業がいかに困難だったかがわかる

る「点数会議」がありました。教師の多くは点数をあげて及第させようとしますが、石谷の採点は最高で23点ということがありました。これでは合計するとどうしても合格ラインに追いつきません。石谷のお陰《かげ》でばたばたと落第生を出すという年もありました。

日本は明治維新から日清戦争（1894〜95年）の後、あらゆる制度が新設されたり改編されながら近代国家へと衣替えを急いでいましたが、世界もまた急速に変革していきました。ヨーロッパ文化の移入に忙しい日本は、多くの英才たちを留学生としてヨーロッパに送り出していました。

谷田部梅吉《やたべうめきち》が死去する

明治36（1903）年8月に入ってまもなく、物理学校から維持同盟の同志たちに「谷田部梅吉危篤《きとく》」の急報が発せられました。卒業間もなくから、谷田部ほど物理学校の運営に尽力し、理学普及にこだわった同志はいません。明るい人柄、熱心な授業とともに、同志はもとより多くの教え子たちから慕《した》われていました。

谷田部は明治12（1879）年に大学を卒業後、めまぐるしく勤務先が変わりました。同志の中でこれほど勤務先が変わった人はいません。卒業後まず第一高等中学校教授を8年間務め、それから山口県の山口高等中学校の教頭になりました。1年後には外務省からフィリピンのマニラ領事を拝命してフィリピンに渡り、2年後に帰国すると農商務省特許局審査官兼高等商学校教授となり同校の幹事、舎監を務めました。さらに3年後の明治26（1893）年には、鹿児島県鹿児島高等中学造士館《ぞうしかん》教授となりました。東京を離れて赴任するとき、新橋駅に見送りに出た人は、同志たちや教え子たちなど100人を越えていました。谷田部はそのころから健康が優れず、赴任するとすぐに学校も休みがちになっていました。

3年後に病気治療に専念するために帰京しましたが、病状がやや快復した8月には請《こ》われて京都商学校の校長として復帰しました。しかし病状はますます悪くなり、校長を辞して帰京して病気治療に専念することになります。その後、一進一退を繰り返しながらも、物理学校の主計（会計）を務めていました。

谷田部は、物理学校の発展をわがことのように喜び、死ぬ間際まで「物理学校、物理学校」と語っていました。谷田部は3回にわたって物理学校の主計を担当し、苦しい財政事情を切り盛りしたのです。

明治36（1903）年8月20日、谷田部梅吉が死去しました。46歳でした。維持同盟の同志で亡くなったのは信谷定爾《のぶたにさだじ》についで2人目です。維持同盟は谷田部が物理学校に尽くした功績を称《たた》え、遺族に対し500円を贈って感謝の意を表しました。

第8章

地方の貧乏教師として一生をささげた鮫《さめ》島《じま》晋《しん》

神楽坂《かぐらざか》に完成した白亜《はくあ》の校舎

「いやー、立派なもんだ。こんな校舎が建つとは夢を見ているようだな。維持同盟の発足時には考えもしなかった」

「同窓会の諸君も頑張って寄金してくれたから、こんな立派な校舎が実現したのじゃ。物理学校も世代を超えて存続していく証拠だ」

白塗りの瀟洒《しょうしゃ》な建物をまぶしそうに見上げながら会話を交わしているのは、寺尾寿《てらおひさし》と中村精男《なかむらきよお》でした。新校舎新築のために敷地を購入したのは、明治38（1905）年11月です。敷地面積約394坪（約1300平米）ですが、白亜の殿堂を思わせる2階建て木造校舎の総面積は226坪（約747平米）です。敷地、建築、器具、設備を合わせると総工費は3万8192円（現在の物価に換算すると約5億1000万円）にのぼりました。同窓会が寄付を呼びかける募金運動を展開し、予想以上に集まったのです。物理学校を創設し

牛込神楽坂に新築された物理学校の新校舎。
白亜の殿堂のように、ひときわ映えた校舎であった。

た16人の同志たちからの寄付は、いまの物価に換算すると1人平均400万円という巨額でした。自分たちがつくり自分たちで運営してきた学校という意識がなければ、とても出せる金額ではありません。

明治39（1906）年9月29日、東京は朝から秋空が広がっていました。牛込《うしごめ》区神楽坂2丁目24番地に建てられた東京物理学校の校舎新築落成式と物理学校創立25周年記念式典が、これから始まろうとしていました。この日のために全国に散っていた維持同盟の同志が続々と東京に集まってきました。すでに同志たちも45歳から54歳までの年齢に達し、いずれも社会的に責任あるポストに就き、あるいは学界で重きを置く存在になっていました。さながら維持同盟の同窓会のような華やいだ雰囲気を出していましたが、このめでたい会に参加できなかった同志が3人いました。長野県小諸町《こもろまち》の小諸義塾の教師をしていた鮫島晋《さめじましん》、そしてすでに故人となった信谷定爾《のぶたにさだじ》と谷田部梅吉《やたべうめきち》でした。鮫島は小諸義塾が廃校となったばかりのときであり、上京する資金にも事欠いていたのでしょう。

13人の同志たちは、全員が羽織袴《はおりはかま》の正装に身を包み式典に臨みました。会場の前列には、来賓席が設けられた。元東大総長の加藤弘之《かとうひろゆき》男爵、同じく元東大総長の菊池大麓《きくちだいろく》男爵、浜尾新《はまおあらた》・東大総長、沢柳政太郎《さわやなぎまさたろう》（1865〜1927年）文部次官、ほかに田中館愛橘《たなかだてあいきつ》、藤澤利喜太郎《ふじさわりきたろう》（1861〜1933年）、長岡半太郎《ながおかはんたろう》、本多光太郎《ほんだこうたろう》（1870〜1954年）、田丸卓郎《たまるたくろう》（1872〜1932年）らそうそうたる人物が並んでいました。一般参加者は同窓会の会員をはじめ、大学人、産業界、現役の学生まで含め、祝賀会場は500人を超える参会者で埋まりました。

東京・神田小川町から神楽坂に移転した物理学校は、いま振り返ってみるとこのときが最大の転機でした。創立から25周年という節目でもありましたが、何よりも新校舎を同窓会が主体となって建築し、教師の主力はすでに同志たちから第2世代の教師に移っていたのです。草創期の同志たちの志は引き継がれ、次の世代へとバトンタッチされて独立独歩の基盤ができてきたのでした。

物理学校幹事の中村《なかむら》恭平《きょうへい》が開会を宣告し、校長の中村《なかむら》精男《きよお》が挨拶《あいさつ》に立ち物理学校の沿革を紹介しながら最後に異例の言葉を述べました。

「本校書記の菅生《すがお》温蔵《おんぞう》氏は、20年間にわたって本校の庶務、会計の一切をひとりで担当してきた。刻苦勉励その任にあたって、我々に内顧の煩《わずら》いを少しも与えなかったことは深く感謝するものである。このような書記のいることを誇りに思っている」

挨拶が終わると万来の拍手が沸《わ》き起こりました。中村は会場の隅に立っている菅生の方に片手を向けて無言で紹介すると、ひときわ拍手が高くなったのです。「菅生なくして物理学校成り立たず」と言われるほど、菅生は献身的に事務・雑務一切をこなしました。また生徒の指導にも熱心であり、「物理学校の親父」として慕《した》われていました。生徒の行動や風紀には厳しく、校内で怒鳴られた生徒も多数いましたが、誰もが菅生を敬愛していたのです。

新校舎落成の記念式典の後は、恒例の祝賀会に移りました。維持同盟の同志たちは25年間の苦労を語り合いながらも満足感が漂《ただよ》っていました。自ら教壇に立つことはほとんどなくなりましたが、地方の同志は多数の教え子を物理学校に送り込んできました。その中から優秀な弟子が育ち、やがて物理学校の教師をするものも出てきたのです。物理学校を支えたという誇りと自負がどの顔にも表れていました。

「鮫島はどうしたんだ」。誰言うともなく同志たちの間から鮫島の近況を案じる声があがりました。無類に酒好きの鮫島が酒席にいないのは寂しいというだけでなく、聞こえてくるのは地方で「薄幸の理学士」となりはてながらも、熱心に理学教師を続けているという鮫島の噂《うわさ》でした。

維持同盟16人の中で鮫島を除く15人は、教育者となるかエリート官僚となり、年齢を経るにしたがってそれなりに出世し、その分野のリーダーとなって重きを成していきました。

鮫島は大学卒業後、フランス語が堪能《たんのう》であったために文部省の翻訳官になり、そのかたわら東京女子師範学校、東京師範学校、東京高等女学校の教師として順調な教育活動をしていました。

先に述べたように（106ページ）鮫島は明治21（1888）年、36歳のときに文部省から「非職」とされ、そこで人生が狂ってしまったのです。非職後の数年間、鮫島は物理学校の教師をして生活費を稼《かせ》いでいました。誠実で不器用な鮫島には、知識を熱心に生徒に伝達するという教師の職がいちばん向いていたのです。しかしその後の鮫島の動向は、記録としてどこにも記述されず、長い間誰も関心を示しませんでした。

鮫島の消息を掘り起こした人々

最初に鮫島の消息を追跡したのは、長野県で教職のかたわら島崎藤村《しまざきとうそん》の研究家となった並木張《なみきみはる》でした。並木は鮫島自筆の履歴書や戸籍謄本《とうほん》の写しを入手し、鮫島の末裔《まつえい》も捜し求めて藤村との親交の様子や貧しくも真摯《しんし》に教育に取り組んでいた理学士の実像を追い求めていくのです。徹底した追跡で鮫島の上田・小諸以降の消息に光を当て、ようやくにして鮫島の死去までの生涯が明らかになったのです。その成果は、「理大　科学フォーラム」（2002年10月号）に、往時の貴重な写真と資料、墓碑などとともに発表されています。

さらに学校法人東京理科大学理事長をした理学部教授の塚本桓世《つかもとたけよ》は平成元（1989）年、偶然、故郷の長野県上田市の書店で郷土誌の雑誌の中に明治・大正期の文豪、島崎藤村と親交を結んでいた鮫島晋のことが書かれているのを見つけたのです。その後も上田市や小諸市の小諸懐古園《かいこえん》にある藤村記念館を訪問して鮫島の軌跡をたどり、鮫島と藤村の交友と藤村の作品の『千曲川のスケッチ』や『貧しい理学士』にモデルとなって登場する鮫島の在りし日の姿を掘り起こしました。

そして最後の仕上げは、東京理科大学理工学部教授の沼隆三《ぬまりゅうぞう》でした。沼は膨大な資料を収集し「理大　科学フォーラム」（2003年6月、7月、9月、10月号）に発表しています。こうして公式記録から抜け落ちていた維持同盟の同志、鮫島晋の生涯は明らかになったのです。

鮫島は新潟県の高田《たかだ》藩士の家に生まれ、維新政府が全国から優秀な子弟を東京に集めてエリート教育をする貢進生《こうしんせい》に選ばれ、順調に成長して東大を卒業しました。卒業直後には、東京府士族豊田政恒《とよだまさつね》の二女で12歳年下の里宇《りう》と結婚し、3男4女の子供に恵まれます。

鮫島は、当時、超エリートとして社会人になった同志たちと同じように社会人としてのスタートは、まぶしいほどに輝いていました。その鮫島の消息が卒業して10年経ったころから消えてしまうのです。鮫島が文部省を非職となってから3年目に、郷里、新潟県高田町の高田中学校の教頭として赴任します。ときに40歳でした。そのとき鮫島の月給は80円でした。今の物価に換算すると約107万円という高給です。しかし鮫島は、高田中学の教頭もわずか2年で辞め、妻と女児2人、男児2人の一家6人で長野県上田町に移り住みます。

明治28(1895)年4月3日、鮫島は「成明学舎《せいめいがくしゃ》」と墨書した大きな看板を掲げて、土地の青年たちに理学、化学、数学を教える私塾を開きました。当時の写真を見ると、寺の一角を借りたという古い木造の大きな建物をバックに、30人ばかりの生徒に囲まれた鮫

鮫島が開設した上田の成明学舎（並木張氏提供）

島はいかにも謹厳実直な教師に見えます。鮫島は白墨で服装が汚れてもいっこうに気にせず、生徒に教えることに情熱を傾ける教師でした。

成明学舎に通ってきた生徒は、陸海軍学校や各種専門学校に入る準備のために不得手な教科を教えてもらったり、開業医の薬剤生が理化学を学ぶために朝夕に通学したり、役所に勤務する役人が余暇を利用してフランス語を習いにきたり多種多様でした。10キロも離れた土地から来るものもいたし、下宿して通学してくるものもいました。

授業時間は午前8時から午後10時までと決めていましたが、この間ばらばらに生徒が来るのですが、教える方は鮫島ひとりだからどんなに忙しかったか分かります。鮫島が孤軍奮闘する成明学舎は、順調に経営しているように見えましたが、実はジリ貧の一途をたどるようになるのです。成明学舎が開校する2年前から、隣の小諸町に「小諸義塾」という私塾が創設されていました。小諸義塾は、アメリカ帰りのキリスト教伝道師、木村熊二《きむらくまじ》（1845〜1927年）が経営しているもので、土地の有力者の支援で生まれました。小学校卒業後の子弟を教育し、地方の実務者の養成を目的にしていました。小諸義塾は漢学、習字、国語、英語、地理、倫理、歴史、数学、理学など一通りの教科を教えるため、何人かの教師を雇って手分けして多くの塾生を教えていましたが、数学・理科の有能な教師がいませんでした。そこで隣の上田で成明学舎を経営している鮫島に依頼することになるのです。鮫島は、東大理学部卒の理学士であり、しかも文部省のエリート官僚を務めるかたわら東京師範学校や高等女学校の教壇に立った経験もあるのです。そのような経歴と肩書きを持った人がくれば、小諸義塾にも箔《はく》がつくのです。

島崎藤村との交流と鮫島の最期

鮫島は週1回、通勤する条件で引き受けましたが、やがて上田の成明学舎をたたみ、一家をあげて小諸へ移住し、小諸義塾の専任教師となるのです。明治32（1899）年、のちに明治の文豪として知られる島崎藤村が小諸義塾の教師として赴任しますが、そのころはまだ鮫島は上田から汽車で通勤していました。鮫島が小諸に移住してくるのは、その1年後です。鮫島はそのとき48歳であり、20歳年下の藤村とはそれから6年間も同じ義塾で同僚教師として働くことになるのです。

藤村は、鮫島の人となりと小諸時代の話を『千曲川のスケッチ』と『貧しい理学士』に書き残しています。『貧しい理学士』は鮫島が大正6（1917）年に死去した後、鮫島の死を悼《いた》んで書いたいわば追悼文です。それを読むと、貧しくも人間味あふれる鮫島を敬愛してやまなかった小諸時代の日々を追憶しています。超エリートであった理学士が片田舎の教師となって落ちぶれ、酒におぼれてとめどなく愚痴《ぐち》をこぼしながらも時折口をついて出るフランス語を聞くとき、過去の栄光を垣間《かいま》見て老教師の境遇に息をのむ場面が随所に出てくるのです。

鮫島の小諸の自宅の部屋にあがると、東京大学理学部の卒業証書が額に入れて飾ってありました。大学卒業の記念写真を見せたり、昔の華やかだった学生時代や卒業間もないころの話をして聞かせることがありました。そんなとき東京天文台長をしている寺尾の話や同窓生の話がでてくることが『貧しい理学士』でも語られています。さらに藤村は書いています。

「先生の口から仏蘭西《ふらんす》語なぞの出て来るのもああゆう時でした。そこに集まったもので、先生以外に仏蘭西語の解るものはありませんでしたが、先生は老鶯《ろうおう》の我と我が鳴音を忍ぶような風情で、『あの仏蘭西の言葉というものは、妙なところに洒落《しゃれ》を含んでいますね』と言って、二、三のつながった言葉をいかにも巧みに私に発音して聞かせました」（『貧しい理学士』）

身なりを構わない鮫島は、古い洋服に破れたズックをはき、ズボンを巻いている帯がチョッキの間から長く下がっていても一向に平気でした。教壇で教えるとき、黒板拭《ふ》きが手元にないときは、上衣のそでで拭いて間に合わせたり、顔を白墨だらけにして熱心に生徒に教えていることもありました。

鮫島は無類の酒好きであり、小諸駅頭で酔いつぶれている姿も目撃されています。小諸に移り住んでから双子が誕生しましたが、ひとりは出生後間もなく死亡してしまいます。6人の子を抱えた鮫島は、教育に情熱をかたむけ、家族を愛し、朝顔づくりにのめりこみ、小諸の自然を藤村らとともに楽しんだのです。

小諸義塾もそう長くは続きませんでした。公立の教育機関が整備されるにしたがって、私塾の経営は難しくなっていったのです。塾が閉鎖される1年ほど前、藤村は小諸を離れて東京へ移住します。そのころから大作『破戒』の執筆に本格的に取りかかっていました。藤村が小諸を離れるとき、鮫島ら同僚教師と教え子たちが駅頭まで見送りに行きました。列車がゆっくりとホームを離れ出すと、鮫島は手を伸ばして一束の花を窓から車内に投げ込みます。過ぎ去った日々のおびただしい思い出を残して、藤村を乗せた列車は白雪の残っ

『破戒』刊行（明治39年）後、田山花袋と神津家を訪問したときに撮影。
右から藤村、神津猛、花袋、鮫島晋。
神津猛は信州志賀村の大地主で、藤村とは小諸義塾の教え子を通じて知り合い、『破戒』の出版のときにその費用や生活費の援助をした。（藤村記念館提供）

た遠い山々の彼方へ消えていきました。藤村と貧しい理学士の心温まる交流は、小諸から東京へ移っても連綿と続きます。

明治40（1907）年の5月、鮫島はすでに55歳になっていましたが、鮫島は家族と一緒に東京へ移っていきます。そして妻子を東京に残して、群馬県前橋市で私塾を開塾しますが、2年後には身を引き、奈良県の私立中学校文武館《ぶんぶかん》の数学科主任教員として就職します。文武館は現在の奈良県立十津川《とつかわ》高校です。十津川郷として知られるその地は、いま全国で最も面積の広い村として有名ですが、1000メートル級の山々とともにあり、村の96パーセントが山林です。十津川はこの山々を深く切り込んだように流れており、川に沿って家々が点在しています。高野山《こうやさん》と熊野三山《くまのさんざん》をつなぐ中継点でもあり、旅人を迎える温泉場としても昔から有名でした。明治時代の後期、十津川郷は鉄道の停車場から20里（約80キロ）も歩かねばならない奥深くに息づく寒村でした。

学校の正面玄関前で撮ったと思われる記念写真を見ると、教師が8人に生徒7人が写っています。教師はいずれも壮年の立派な風采《ふうさい》であり、鮫島もやや硬い表情ながら風格をにじませて写っています。しかし鮫島は、この学校にも2年半しかいませんでした。辞めた半年後には、広島県私立明道《めいどう》中学校の物理・化学・数学の担当教員として就職します。

維持同盟の同志たちの多くが有名大学や高等学校や官界で功成り名を遂げ《と》ていましたが、ひとり鮫島だけが、まるで日本列島を縦断するように、いまなおさすらいの教師生活を続けていました。同志たちは長いマラソンを走りぬき、ゴールを駆け抜けて整理体操に移ろうとしているとき、鮫島だけが鉢巻をきりりと締めて、なおもレースを続けようとしてい

奈良県私立中学校文武館の看板を背にした記念写真。
前列左から3番目に鮫島が見える。（並木張氏提供）

るようでした。

鮫島は広島県私立明道中学校も2年で退職し、大正2（1913）年4月1日、長崎県私立平戸《ひらど》女学校（後に高等女学校）の数学と理科の担当教師として就職します。鮫島が赴任する平戸女学校の前身、長崎県中学猶興館《ゆうこうかん》には、物理学校維持同盟の同志である桐山篤三郎《きりやまとくさぶろう》が明治35（1902）年から第6代館長として6年間務めていました。桐山は鮫島の1年後輩であり、東大を卒業後4年間、東大理学部助教授を務め、その後は郷里の長崎県に戻って県内の子弟の教育に身をささげます。長崎県尋常長崎中学校の教諭から校長になり、そのあとで猶興館館長へと転出したものでした。鮫島が一介の理科の教師として平戸女学校に赴任したとき、桐山はすでに館長の任期を終えて長崎海星《かいせい》中学の校長として栄転した後でした。鮫島が同志とすれ違った唯一の場面でした。

大正4（1915）年9月21日、鮫島は平戸高等女学校を退職し、理学教師としてのさすらいの旅はここで終止符を打ったのです。東京へ戻ってきた鮫島は、相変わらず貧乏所帯でした。朝顔の鉢植えを売り歩いて何がしかの金を得るような生活だったようです。藤村が東京で最後に出会ったのは、鮫島が死去する前年の大正5（1916）年ごろではないかと思われます。鮫島は最愛の長男太郎を肺病でなくし、見るのも気の毒なくらい落胆していました。藤村が書き残した晩年の鮫島は、見るに堪えないほどの姿でした

「晩年の先生は私を捉《つか》まえては愚痴《ぐち》でした。稀《まれ》には私の方で言おうとすることを聞いて下さるほど先生の眼の燃えてくることもありましたが、しかしそういう場合は極く稀で、先生の話は初めから終《おわり》までほとほと自分の訴えで持ち切っていたようでした。あの愚痴の出なくなる時が、先生の斯《こ》の世を去る時であったろうかとも思います」（『貧

しい理学士』）

大正６（１９１７）年12月９日、鮫島晋が死去しました。65歳でした。鮫島の訃報《ふほう》が維持同盟の同志たちに届いた記録は残っていません。藤村は訃報を知って葬儀に駆けつけようとしましたが、体調を損ねて出られず代理を出しますが出棺に間に合わなかったと記録されています。

鮫島の生涯は、大学を卒業してから一貫して理学教育にささげた一生でした。他の同志たちが中央や地方の名のある俊英の集まる大学や高等学校の教壇に立ち、栄光に包まれた生涯でしたが、鮫島は名もなき地方の私塾や寒村の中学など初等教育の現場で熱心に教えた素朴な教師でした。ときには酒におぼれ、酔えば若き華やかなころを思い出させるようにフランス語が口をつき、貧しい生活の中にも人情と友情を失わず、同志たちの栄光の陰で隠れるようにして鮫島はひっそりと人生の幕を引いたのでした。

■鮫島晋の年譜

和　暦	西　暦	経　歴
嘉永５年	1852	新潟県高田藩士の家に生まれる
明治３年	1870	貢進生として大学南校から東大理学部へ進学
12年	1879	東大理学部卒業。里宇と結婚
13年	1880	文部省報告局翻訳課勤務
14年	1881	東京女子師範学校教諭
18年	1885	東京師範学校教諭
20年	1887	東京高等女学校教諭
21年	1888	非職となる。東京物理学校教諭
25年	1892	新潟県高田中学校教頭
28年	1895	長野県小県郡上田町に私立成明学舎を設立
33年	1900	小諸に移住、小諸義塾の専任教師となる
39年	1906	小諸義塾が廃校になり失職
40年	1907	群馬県前橋市に前橋義塾を設立
42年	1909	前橋義塾を辞職し、後継者に一任
		奈良県私立中学校文武館の数学科主任教諭
45年	1912	３月に文武館を退職
		４月、広島県私立明道中学校の教諭となる
大正２年	1913	３月に明道中学を退職
		４月、長崎県の私立平戸女学校教諭となる
４年	1915	９月、平戸女学校を退職
５年	1916	東京で藤村と最後に会う？
６年	1917	12月９日死去。65歳

第9章 大正時代の物理学校

文部省から中等教員検定試験の受験資格を付与される

明治39（1906）年9月、東京物理学校の新築校舎が神楽坂《かぐらざか》に竣工《しゅんこう》したころ、日本は日露戦争（1904～05年）に勝って間もない時期であり、世の中はまだ戦勝気分に浸《ひた》っていました。日本海軍はロシアのバルチック艦隊を撃破して日露戦争に勝利したものの、陸軍はこれ以上戦争を続けることができないほど戦力を使い果たし、弾薬も武器も底をつく寸前でした。アメリカの仲介で講和条約（ポーツマス条約）が結ばれて終結したのは、日本にとってむしろ幸運でした。

翌年から義務教育は6年間となり、教育に対する国民の意識はますます高まってきました。公立の学校が全国で整備されるにしたがって、多くの私塾が廃業に追い込まれたり公立学校に併合されていきました。そんな中で物理学校は理学普及の目的を失わず、夜間の学校としてますます存在感を示すようになっていました。

物理学校の卒業生は、文部省の中等教員検定試験を受験する資格が与えられました。物理学校はまだ各種学校なので本来なら検定試験を受ける資格はありませんでしたが、文部省令の特例で物理学校は数学、物理、化学、博物、裁縫、手芸科に限って、検定を受けることができるようになるのです。

校長時代の寺尾寿《てらおひさし》は教師となったときの心構えを次のように言っていました。

「学校は生徒のために成り立つものである。生徒には懇切にすることが教員の本質であることを寸時も忘れてはならない。生徒あっての学校、学校あっての教員であるから、生徒が本体であり教員は末である。自分の身の方は後回しにして、生徒の利益、生徒のためにどうしたらいいかを考えなければならない。真面目《まじめ》に勉強して検定試験を受けて立派に及第して教員になることを希望する」

万事、生徒の立場にたってことに当たるべしという方針は、物理学校の維持同盟規則でも厳格に規定していました。

漱石《そうせき》の名作『坊《ぼ》っちゃん』に出てくる物理学校

「親譲りの無鉄砲で子供の時から損ばかりしている」という書き出しで始まる夏目漱石《なつめそうせき》の名作『坊っちゃん』は、明治39（1906）年4月号の『ホトトギス』に発表された作品です。『ホトトギス』は高浜虚子《たかはまきょし》(1874〜1859年)、正岡子規《まさおかしき》(1867〜1902年)らの同人誌であり、数々の名作を世に出しています。主人公の坊っちゃんは、物理学校の前を通りかかったら生徒募集の広告が出ていたから、入学の手続をしたと書かれています。

漱石はそのころ、東大文学部英文科の講師を務めていました。物理学校創設の同志であり第3代校長になる中村恭平《なかむらきょうへい》は、東大助教授兼学生監として東大総長の山川健次郎《やまかわけんじろう》の秘書役をしていました。恭平はしばしば山川総長の意を受けて様々な問題の調整役をしており、本郷区《ほんごうく》の駒込西方町《こまごめにしかたまち》に住んでいました。漱石もその近所に住んでおり二人は親交を結んでいます。恭平は漱石よりひと回り年が上であり、漱石のことを本名の金之助《きんのすけ》と呼んでいました。兄貴のような存在だったのでしょう。恭平の日記には「今日も金之助が来た。相変わらず、ずうずうしい男である」と書き残していることからも、遠慮のない付き合いだったことがうかがわれます。漱石は同じ時期に『ホトトギス』に『我輩は猫である』を発表して大好評でした。小説に出てくる主人公の苦沙弥（クシャミ）先生のモデルは恭平であったと言われています。

恭平は当時、夜になると物理学校の教師であり幹事・主計（会計）を務め、実質的に経営と教育を切り盛りしていました。漱石はそれを知っているからこそ、主人公の坊っちゃんを物理学校卒業の数学教師にしたのです。

物理学校卒業生を主人公に
『坊っちゃん』を書いた
夏目漱石

また漱石は、同志の桜井《さくらい》房記《ふさき》とも親交がありました。桜井が熊本の第五高等学校の校長をしていた明治29（1896）年に29歳の漱石が英語の講師として東京から赴任してきました。その年、漱石は当地で中根《なかね》鏡子《きょうこ》と結婚式をあげます。翌年、教授に昇格し、英語を教えるかたわら俳句も教え、自らもエッセイや評論を執筆するなど創作活動を始めていました。明治33（1900）年に文部省から英語研究のためにイギリスへの留学を命じられたとき、漱石は桜井に相談しました。桜井は物理学校を創設した直後にイギリス、フランスに留学しており、ヨーロッパの事情にも詳しく留学生の先輩として外国生活の話をすることができたのです。漱石は桜井に勧められて留学を決意します。

『坊っちゃん』の主人公は物理学校を3年で卒業して四国・松山の松山中学に数学教師として赴任し、山嵐、赤シャツ、うらなり、野だ（野だいこ）などとあだ名がついた教師たちとの人間模様を織り混ぜながら、坊っちゃんと山嵐を善玉に、赤シャツと野だを悪玉に見たてて書いた痛快ユーモア小説です。たぐいまれな創作の才能に恵まれた漱石は『坊っちゃん』をわずか1週間で書き上げており、その筆の勢いも読者を引きずりこむ要因になっているようです。

物理学校は当時、入学は誰でもできるが卒業するのはきわめて難しいので評判になっていましたが、『坊っちゃん』には、次のように書かれています。

「三年間まあ人並に勉強はしたが別段たちのいい方でもないから、席順はいつでも下から勘定する方が便利であった。然し不思議なもので、三年立ったらとうとう卒業してしまった。自分でも可笑しいと思ったが苦情を云う訳もないから大人しく卒業して置いた」

これは恭平や桜井から聞いていたであろう物理学校の状況とは正反対に描かれているようです。多分、漱石のいたずら心、ユーモアが意図的に正反対の状況を書かせたに違いありません。『坊っちゃん』の作品の中では、何度か物理学校の様子が出てきますが、明治時代を代表する文豪の作品に今なお生き続ける物理学校は、当時の同志たちにとっても誇りであったのでしょう。

物理学校は、詩人で作家の北原白秋《きたはらはくしゅう》（1885〜1942年）の作品にも登場します。物理学校の新校舎が落成した2年後に、白秋は物理学校のすぐ裏に引っ越してきました。『物理学校裏』は、そこで詠《よ》まれた詩であり、当時の物理学校の様子がいきいきと描写されています。

「………………………………………………

$C_2H_2O_2N_2 + NaOH = CH_4 + Na_2CO_3$……
蒼《あお》白い白熱瓦斯《がす》の情調（ムウド）が曇硝子《くもりがらす》を透して流れる。
角窓のそのひとつの内部に
光のない青いメタンの焔《ほのお》が燃えているらしい。
肺病院のやうな東京物理学校の淡い青灰色の壁に
いつしかあるかなきかの月光りがしたたる。

………………………………………」

中央線の駅は「飯田町《いいだまち》」であり、四谷《よつや》駅を出た汽車が汽笛を鳴らして次第に近づいて来る様子も詠っています。白秋の居宅には詩人の石川啄木《いしかわたくぼく》（１８８６〜１９１２年）も訪ねてきます。明治41（１９０８）年10月29日の日記に、そのときの様子が残されています。

「北原君の新居を訪う。吉井君が先に行ってゐた。二階の書斎に物理学校の白い建物。瓦斯がついて窓という窓が蒼白い。それはそれは気持ちのよい色だ。そして物理の講義の声が、琴や三味線と共に聞こえる。……」

料亭街に隣接する物理学校の様子をありありと思い浮かばせる文学者たちの描写です。

詩「物理学校裏」を書いた北原白秋

東北帝大が物理学校卒業生を受け入れ

明治44（1911）年の7月の暑いころでした。校長の中村精男《なかむらきよお》は、秘書を伴って仙台の東北帝国大学の総長室に沢柳政太郎《さわやなぎまさたろう》を訪ねていきます。沢柳は東大文学部哲学科を出た哲学者であり、仙台にある第二高等学校校長を経てこの年の3月に46歳で東北帝国大学の初代総長に就任したばかりでした。

「遠路はるばるご足労いただき痛み入ります」と10歳若い沢柳は精男らの訪問をねぎらい

ました。沢柳は哲学者なので理学には疎《うと》いのですが、物理学校のことはよく知っていたのです。というのもその年から10年ほど前、第二高等学校の校長になったとき、教頭をしていたのは物理学校維持同盟の同志である難波《なんば》正《ただし》だったからです。難波と精男は同級生です。難波は文部省の命により明治29（１８９６）年7月から2年間、フランスとアメリカに電気工学の研究で留学し、明治31（１８９８）年に帰国すると仙台には戻らず、京都帝国大学理科大学教授に就任します。

また沢柳は、第二高等学校校長に昇格し、さらに第一高等学校校長を務め文部次官へと昇格しています。その次官のとき、物理学校が神楽坂に新校舎を建てたお祝いと物理学校創立25周年記念式典に来賓として招かれています。そんな縁があってひとしきり、物理学校とその同志たちの動向が話題になりました。

ころあいを見て沢柳が切り出しました。

「本日は東北帝国大学理科大学への入学者の件で相談があります。物理学校は入るのは簡単だが、卒業するのはたいへん難しいと世間で評判になっている。物理学校を卒業した生徒の実力はじゅうぶんなので、わが帝大理科大学の正科に入学したい場合は外国語の試験だけで入学選抜をし、専科の希望者には無試験で入学を許可する特典を与えたいが、いかがなものでしょう」

物理学校にとってもは願ってもない条件です。こうして物理学校の卒業生は、外国語試験だけで東北帝大理科大学の正科へ入学を許され、専科は無試験で入学することになるのです。そのころの物理学校は専門学校への昇格を逸《のが》してしまったために、単なる各種学校でしかなかったのです。いまの明治、法政、早稲田、日本、東京農、日本女子、駒沢、慶応義塾、青山、専修、中央、立正、国学院、拓殖、津田塾などの私学の有名大学は、すべてこのときに専門学校へ昇格しています。ほとんどは文系中心の大学であり、理学の専門学校はなかったのです。

早稲田《わせだ》に身売りする話が進む

明治44（1911）年11月19日の夕刻、物理学校の教室で書記の菅生温蔵《すがおおんぞう》の勤続25周年記念祝賀会が開かれました。事務関係の仕事をすべて取り仕切ってきた菅生の功績を称える行事でした。学校で騒いで菅生に怒鳴られた生徒は多数いました。しかし誰もが菅生の真摯《しんし》な仕事ぶりを知っていたので、菅生が生徒らにどんなに厳しい態度をとっても素直に受け入れて批判するものはいませんでした。その菅生が勤続25年を迎えるというので、卒業生らの間から記念品を贈呈して祝賀会をやろうという声があがったのです。

その祝賀会の後の二次会の席で寺尾は次のようなことを言いました。

「物理学校も、もはや30年になる。維持同盟の面々も年をとった。そろそろわしらの後を考えないとならん時期に来ている。煩雑《はんざつ》な事務を片付けるためにも、菅生君の健在なうちに後輩へ引き継ぐことを考えたいがどうだろうか」

同志たちの表向きのリーダーは校長の中村精男になっていましたが、精男は物事を考えて立案し、積極的に動く男ではありません。役所の組織の長として座っている場合はそれでもいいのですが、物理学校のようにリーダーがなにもかも決めて実行するような長には向いていませんでした。それを知っている寺尾は、老齢化してきた同志と2代目として実質的に学校経営をしている教師たちのことを考え、今後の経営のあり方を持ち出したのです。寺尾の腹の中には、物理学校の経営を財団法人にすることで、念願の専門学校への昇格という考えもありました。

それから間もなくでした。たまたま東大構内で寺尾は中村恭平とでくわしました。そこで寺尾は思い切って相談してみました。

「早稲田大学が理工科をつくったがまだ脆弱《ぜいじゃく》な学科であり、物理学校のほうが教師の厚みでは引けをとらない。どうだろうか。物理学校を早稲田に売り渡すという手はないだろうか。そうすれば財団法人の手続もしなくていいし、維持同盟の同志たちがこれまで出資してきた資金も交渉によって返還させることも可能だろう」

この相談に恭平はすぐに賛成します。同志はほかに12人いますが、まず可能性をあたって見たい。それまでは極秘でことを運ばねばなりません。幸い早稲田には数学者の藤野《ふじの》了《りょう》祐《すけ》がおり、寺尾とは学術交流を通じて親密に付き合っていました。大正6（1917）年には、寺尾と藤野は教科書として『理論応用算術講義』を共著で刊行もしています。しかも藤野は、早稲田の学長である高田早苗《たかたさなえ》（1860〜1938年）と縁戚《えんせき》になっているので、極秘であたってもらうこともできるのです。

早稲田は明治45（1912）年に初めて理工科の機械工学科、電気工学科から第1回卒業生を出したばかりでした。物理学校はまだ各種学校だが教師のレベルはすこぶる高く、厳しい評点なので卒業生の実力は世間が認めています。もし物理学校を早稲田が買収するとなれば、世間でも評判になり評価されるだろうし、早稲田にとっても損な話ではありません。

大正3（1914）年4月、早稲田大学総長の大隈重信《おおくましげのぶ》が2度目の内閣を組織して政権の座に就きました。文部大臣は一木喜徳郎《いちききとくろう》（1867〜1944年）です。一木は静岡県の出身で寺尾よりひと回り下の年齢ですが、東京帝国大学法科大学を卒業後行政官となり、とんとん拍子に出世をします。明治23（1890）年に自費でドイツに留学する際に、知人の紹介で寺尾に会いに来たことがありました。欧州留学では寺尾が先輩なので、外国での生活や留学生としての心構えなどを話しました。それがきっかけで、弟分のようにして付き合うようになったのですが、その男が文部大臣になったのです。寺尾はすぐに動きました。

大臣に面会を求め、物理学校の事情を忌憚《きたん》なく話をしたうえで、早稲田への身売り話が進むように学長の高田早苗に働きかけて欲しいと相談したのです。早稲田の総長は総理大臣の任にある大隈重信です。さすがに総理大臣が乗り出すほどの話ではありません。話を聞いた一木は、「寺尾先生のためなら早速にも動きます」と請け負いました。寺尾はその足で藤野に会ってこの話をすると、案の定、藤

物理学校の早稲田への身売り話にのった高田早苗・早稲田大学学長

野も大いに乗り気になり、早速にも高田早苗に話をすることになったのです。

　藤野から話を聞いた高田は「大隈先生にもまだ話が行っていない案件だが、個人的には是非、この縁談を進めたい」と回答し、とんとん拍子に進んでいくのです。寺尾は同志たちの根回しに入りましたが、思わぬ反応が出てきました。同志の一部と後継者になる同窓会の一部で強力に反対する勢力が出てきたのです。「物理学校は、日本で最初の理学士である篤志家《とくしか》がつくった学校だ。これだけ毎年生徒が殺到する評判の学校を何も身売りすることはない」というのが反対者の意見でした。

　寺尾は、このままでは同志が分裂してしまうと判断して、早稲田への身売りを白紙撤回するのです。寺尾が仕掛けた身売り話は失敗に終わりましたが、この話のために物理学校の経営移譲の案件は急速に動き出しました。このままでは放っておけないと誰もが思ったからです。2代目の経営者として実質的に切り盛りしている現役の教師たちも、同志たちへの還付金を決めて円満に解決したうえで、財団法人の設立と経営移譲を実現しようと具体的に詰めていきました。

大正6年7月の卒業式の記念写真。専門学校になった年であり、多くの同志が参列した。正面前列右から保田、三輪、三守、和田、右側前列左より中村精男、寺尾、桜井、中村恭平、2列目右端が千本。

大正3（1914）年5月17日、神楽坂の校舎で東京物理学校同窓会の臨時大会が開催され、財団法人への経営移譲を決めます。総会後の懇親会で、同志たちは大勢の同窓会会員たちに囲まれ慰労《いろう》の言葉をかけられます。同志の多くが50歳代後半になり、桜井のように61歳になって定年を迎えたものもいました。明治14（1881）年に理学普及の意気に燃えて創設した物理学校が、ここまで発展するとは同志たちの誰もが予想していませんでしたので、同志たちのどの顔にも安堵《あんど》の色が見えていました。文部大臣から専門学校認可が出たのは大正6

（1917）年3月26日でした。ここに専門学校・東京物理学校が誕生して新たな歴史をつづるページが開かれたのです。

大正5（1916）年7月でした。寺尾の研究室に東北帝国大学総長の北条時敬《ほうじょうときゆき》（1858～1929年）から電話がかかってきました。北条は明治18（1885）年に東京大学理学部数学科を卒業した数学者であり、大先輩の寺尾とは学問上で接する機会が多く、じっこんの付き合いでありました。北条は「おめでたい報告です」と前置きし、「わが東北帝国大学から小倉金之助《おぐらきんのすけ》君に理学博士号を授与することが決まりました。物理学校卒業生であります」という報告でした。

私学出身で初めての理学博士号をとった小倉金之助

小倉金之助は、明治18（1885）年に山形県酒田市の回船問屋《かいせんどんや》の子として生まれました。庄内中学を中退して上京し、明治38（1905）年に物理学校を卒業。直後に東京帝国大学理科大学化学科に入学しましたが、間もなく悪性の風邪《かぜ》にかかり療養生活をするために大学を中退して山形に帰郷しました。家業を手伝っていましたが、どうしても学問を断ち切り難い。『物理学校雑誌』を取り寄せて購読していましたが、東北帝大理科大学教授の林鶴一《はやしつるいち》（1873〜1935年）の論文について質問状を送ったことから林の指導を受けるようになります。やがて林研究室に助手として入り、次々と価値の高い論文を書くようになるのです。林は数学の雑誌を創刊し、日本の数学界に新研究の機運をつくった数学者です。

相次ぐ同志たちの死去

物理学校は専門学校へと昇格し、同志から同窓会主体の財団法人へと経営が移譲しましたが、同志たちも老齢に入り、死去する人が相次いでいました。大正4（1915）年から12（1923）年までの9年間に8人の同志が亡くなったのです。

大正年代に入って最初に死去したのは、高野瀬宗則《たかのせむねのり》でした。高野瀬は滋賀県彦根《ひこね》藩士の長男として生まれ、18歳で貢進生《こうしんせい》として大学南校へ入学します。ちょうど明治天皇が京都から東京へ御東上されるときとぶつかったために彦根藩公に従い、先導役という大役《たいやく》を務めました。天皇が箱根で休憩をしたときに、芦ノ湖《あしのこ》で「湖上浮標射撃」という天覧大会が行われ、高野瀬は藩を代表して射手となり見事な成績を収めて藩公から激賞されました。文武ともに優れた若者だったのです。

高野瀬は日本での度量衡《どりょうこう》の整備の重要性を訴え、度量衡改正を提案して成立させました。また明治32（1899）年には、第1回度量衡器の検査を貫徹し、業績を称《たた》えるために府県知事らから金杯一組と表彰状を受けたほどでした。明治40（1907）年には、大日本度量衡株式会社を設立し、度量衡器の普及をはかりました。物理学校では非常に熱心な教師であり、30年以上にわたって講義しました。大正4（1915）年4月3日に死去。62歳でした。

続いて鮫島晋《さめじましん》が大正6（1917）年12月9日に死去します。しかし鮫島の訃報《ふほう》は同志の誰もが知りませんでした。

日本の気象研究の第一人者として多くの気象業務の成果を残した和田雄治《わだゆうじ》は、大正6（1917）年12月25日に倒れ、大晦日《おおみそか》に東大病院に入院しましたが、大正7（1918）年1月5日に59歳で死去しました。和田は、富士山頂の冬の観測を指導したり、中国、朝鮮半島の気象業務に多くの実績を残し、洪水予報、日本近海の海流調査と海水温度の調査などを研究し、フランス語で論文を書いて欧米各国の気象学者から注目を集めました。

千本福隆《せんぼんよしたか》が亡くなったのは大正7年10月30日です。東大を卒業後すぐに陸軍士官学校の教諭になり、その後文部省専門学務局勤務となりましたが、明治18（1885）年12月に文部省在任のまま私費でフランスに留学しました。フランスでは特種中学校師範学校の実情を調査したり、多くの教育機関を視察し、サンクルーノ高等師範学校、パリ理科大学で留学生として学術講義を受講しました。3年後の明治21（1888）年8月にフランスから帰国して文部省に復帰し、すぐに文部省の兼務のまま高等師範学校教諭となり、その後高等師範学校教授となり、大正3（1914）年7月に退職するまで、27年間にわたって教壇に立ちました。千本は文部省の直轄学校での勅任《ちょくにん》（天皇の命によって官職に任ずる）

教授として第1号であり、高等師範学校名誉教授の第1号でもありました。物理学校の教師としても熱心に勤務し、大正7（1918）年11月13日に実施した教員検定試験場にも出席して務めましたが、翌々日の11月15日に64歳で死去しました。

保田棟太《やすだむねた》は仏語物理学科を卒業後、引き続き化学専科に入り直し、修了後は東京大学予備門から第一高等中等学校、さらに第一高等学校の教授となりました。30年以上にわたって高等学校教師一筋を貫き、大正8（1919）年6月28日に63歳で死去しました。

三輪桓一郎《みわかんいちろう》は東大助教授から学習院教授となり、その後京都帝国大学教授へと転進しました。ドイツ、フランスに留学後、京都帝大に復職してすぐに理学博士を授与されます。大学の教育に携る一方で物理学校の経営に取り組み、財団法人になったときにも主計におされて就任します。専門学校の認可取りつけに貢献しました。三輪が亡くなったのは大正9（1920）年2月1日のことです。

難波正《なんばただし》は、京都帝国大学理工科大学の教授となってからは、電気関係の研究で多くの実績を残しました。ドイツに留学して電気事業の研究を行い、明治45（1912）年には京都帝国大理工科大学長に就任します。晩年は腎臓病を煩《わずら》って苦しみましたが、研究と学生の教育に熱心に取り組み、その無理がたたってやはり大正9年の12月21日に死去しました。

寺尾寿《てらおひさし》は大正4（1915）年に60歳になったとき東京帝国大学理科大学教授を辞職しました。一説には東大教官60歳定年説を唱えて自ら身を引いたとも言われています。東京天文台長を退官したのはそれから4年後の大正8（1919）年でした。寺尾は引退すると静岡県の伊東にある別荘に引っ込み、読書三昧《ざんまい》の生活に入りました。寺尾は多趣味、酒豪として知られ、特に古書収集では有名でした。東京で古書展があるとかならず出てきて目的の書を探します。そんなときは決まって物理学校に顔を出し、臨時で講義をすることもありました。囲碁も強く、詩吟《しぎん》、謡曲《ようきょく》もなかなかの腕前だし、森羅万象、諸事万端何事にもよく通じ、記憶力も抜群でした。

学生時代から50年間も付き合い、兄弟以上の付き合いと自他共に認めていた中村恭平は寺尾にこう語ったことがあります。

「君のごとき人物は、法学を志し政治家になって天下国家の経営をしたら、一層、国家社会に貢献して名誉も博せられただろうに、君は惜しいことをした」

明治維新以来、日本は人の能力とは関係なく法学重視の社会をつくり、理学を学ぶものは社会的にも優遇されることがなく、富も名誉もほとんど縁がありませんでした。寺尾ほどの才知に長けた人物が法学を修めて世に出たなら、どれほど出世栄達しただろうか。恭平はそう言いたかったのでしょう。官界では東大法学部を出たものだけが国家貴族として優遇され、理工系を出た技術官僚は初任給から差をつけられ、昇格ポストもごく限られたものになっていました。

寺尾が胃がんを患《わずら》って手術したのは大正10（1921）年の春です。その後は別荘で読書をしながら療養に努めていました。晩年、寺尾は仏教の書を多く読み、僧侶とも付き合いを深めて悟りを開いたとも噂《うわさ》されていました。同志の中で「智の寺尾」「仁の精男」と言われるように、若いときから秀才として評判だった寺尾は最後までその才能を貫き、大正12（1923）年8月6日に再発した胃がんで死去しました。67歳でした。

告別式は8月15日午後4時から東京芝の増上寺《ぞうじょうじ》で行われましたが、帝大、文部省、天文

■大正12年末の維持同盟の同志たちの動向

	維持同盟者	年　齢	動静など
明治11年卒	寺尾　寿	死去	大正12年8月6日死去。享年67歳
	桜井房記	71	東京物理学校主計、教諭
	千本福隆	死去	大正7年10月30日死去。享年64歳
	中村恭平	68	大正12年末まで東京帝国大学学生監
	信谷定爾	死去	明治26年11月9日死去。享年36歳
明治12年卒	中村精男	68	中央気象台長、東京物理学校校長
	鮫島　晋	死去	大正6年12月9日死去。享年65歳
	高野瀬宗則	死去	大正4年4月3日死去。享年62歳
	難波　正	死去	大正9年12月21日死去。享年61歳
	谷田部梅吉	死去	明治36年8月20日死去。享年46歳
	和田雄治	死去	大正7年1月5日死去。享年58歳
明治13年卒	三守　守	65	東京工業学校名誉教授、東京物理学校同窓会会長
	三輪桓一郎	死去	大正9年2月1日死去。享年58歳
	保田棟太	死去	大正8年6月28日死去。享年62歳
	桐山篤三郎	67	大正6年に脳卒中で倒れ治療療養中
	玉名程三	62	明治44年に第三高等学校教授を辞職。その後隠居。

学、数学、理学などの各学界と物理学校関係者ら多数の人が弔問《ちょうもん》の列を作り、告別式が終了したのは日没後であったと記録されています。

告別式会場には、同志たちの中で健在であった桜井房記、中村恭平、中《なか》村精男《むらきよお》、三守守《みもりまもる》、玉名程《たまなてい》三《ぞう》の五人が参列し、桐山《きりやま》篤三郎《とくさぶろう》は病に伏せていたので参列できませんでした。５人は最前列の席で寺尾の遺影を見上げながら悄然《しょうぜん》と座っていました。誰もが物理学校における自分たちの世代の終焉《しゅうえん》を感じていたのです。

伊東の別荘にあったおびただしい書籍は、遺族からの申し出で物理学校に寄付されることになったのです。寺尾文庫として残すため同窓会は募金運動を行い、約1万2０００円（今の貨幣価値に換算して約１３００万円）を集めました。そしてその寄金で新たに本を購入して寺尾の寄贈本に追加し、昭和３（１９２８）年10月、物理学校に「寺尾文庫」として開設しました。この文庫が今の東京理科大学図書館の基礎となったのです。

寺尾寿の遺族から寄贈された寺尾文庫。いまは図書館に所蔵されている。

第10章

震災を経て昭和の時代へ

関東大震災が勃発《ぼっぱつ》

大正12（1923）年9月1日午前11時58分、相模湾北西沖（神奈川県）を震源として発生した関東大震災は、首都圏に空前の被害をもたらしました。死者・行方不明は10万5000人、全・半壊建物21万1000棟《むね》、全焼建物21万2000棟に達し、被害総額は国家予算の1年4カ月分に達したといわれています。

大地を突き上げるように沸騰《ふっとう》した巨大なエネルギーの破壊力はものすごく、神田方面から銀座にかけた町並みは倒壊して「ほぼ全滅」という記録が残っています。地震による破壊と同時にあちこちから火の手が上がり、東京の空はたちまちどす黒い煙に覆《おお》われ、真っ赤な炎が地を這《は》うように舐《な》めていきます。多くの人々は倒壊した家屋の下敷きになって命を落とし、命からがら逃げ惑《まど》う人々に、余震が波状的に襲いかかっていきました。

物理学校校長の中村精男《なかむらきよお》は、そのとき自宅の書斎でエスペラント学会誌への寄稿をまと

関東大震災直後の京橋周辺の様子（毎日新聞社提供）

めている最中でした。激しい揺れの中で精男は突っ伏すようにして机の下に頭を隠し、揺れが収まるのをひたすら待つよりなかったのです。揺れの中で精男は、物理学校の建物の安否を気遣《きづか》っていました。

物理学校主計の桜井房記《さくらいふさき》と同窓会会長をしている三守守《みもりまもる》は、その日の正午過ぎに物理学校で落ち合う約束をしていました。ふたりは神楽坂《かぐらざか》の料理屋で昼食を共にしながら、死去した初代校長、寺尾寿《てらおひさし》の追悼会の段取りについて話し合うことになっていました。神田区小川小路《おがわこうじ》1丁目に居宅があった三守は、自宅から出て間もなく地震に遭《そう》遇《ぐう》しました。すぐに自宅に引き返しましたが、家屋はほとんど崩《くず》れかけてしまい、見るも無残な格好になっています。しかし家族は奇跡的に無事であり、あちこちからあがってい る火の手を見つけては、消火活動を手伝います。幸いにしてその付近の火災は大事に至りませんでしたが、近隣の人々が一箇所にかたまって火災が広がっている下町のほうを震えながら呆然《あぜん》と見ているばかりでした。

三守は家族の不安そうな表情を振り切って物理学校へ行くことにしました。混乱する人ごみをかき分けながら急いで向かいますが、道すがらあちこちで火災が発生したことを知ります。飯田橋の砲兵廠《ほうへいしょう》に近づくと、大きな荷物を抱えた避難民が砲兵廠の敷地に向かって殺到しています。隅田川支流には多くの死体が浮かび、この世のものとは思われない惨状でした。倒壊した家屋とその下敷きになった犠牲者の悲惨な姿が放置されています。三守はその光景を目の当たりにして、物理学校は無事では済まされまいと思っていました。

三守は息を切らしながらやっとの思いで神楽坂へたどり着きました。物理学校の校舎に続く道は崩れた石垣でふさがれ、飛び散った家屋の破片が山を築いています。その山を越えながら、三守はようやく校舎の見える場所まで来ました。

眼前には、何事もなかったように白い物理学校の校舎が屹立《きつりつ》していました。校舎に住み込んでいる小使いの松本が三守の姿を見つけると「三守先生、ご無事でなによりです」と駆け寄ってきました。二人は「おお……」とうめくように声をあげ、改めて校舎を仰ぎ見ました。

「火災はなかったのか」という問いに松本は「幸いこの付近は火災が起きませんでした」と言う。

「たいしたもんだ。校舎は無事だったのか。校内の被害は何かあったか」と三守が聞くと、松本は「実験室の戸棚が倒れて器具類が壊れたくらいです。教室の中は机や椅子《いす》がひっくり返っている程度でたいした被害はありません」とこたえる。

「あれは明治17（1884）年の9月だったかな。神田小川小路に自前で建てた校舎が、台風でやられて全壊してしまった。あの光景を見ているので、またもやられたかと死ぬ思いで来た。無事で何よりだ。寺尾先生が守ってくれたんだろう」

三守はあの台風のとき、寺尾が真っ先に現場に駆けつけ、倒壊した校舎の前で呆然《ぼうぜん》と立っている姿を思い出していました。あの寺尾ももういなくなりました。理学普及の意気に燃え、若い同志が集まってつくった校舎でしたが、台風でもろくも倒壊してしまったのでした。しかし同志たちのうちすでに10人が死去し、生き残っているのは6人となっていました。三守はその同志たちに「校舎無事」という電報を打たなければと思いながら、黒く焦《こ》げついた空をいつまでも見上げていました。

「校舎無事」という朗報は、たちまち同志と同窓会の面々にも伝わりました。物理学校の校舎は傷つかずに残ったという噂《うわさ》があっという間に学校経営者の間に広がります。物理学校の近くに校舎のある日本歯科医学専門学校（現在の日本歯科大学）や京華《けいか》中学（現在の京華中学高校）は火災で校舎を焼失したため、一時、物理学校の教室を借りて授業を続けることになります。

物理学校の財団法人10周年記念式典が開かれたのは、大正14（1925）年11月8日です。関東大震災でも倒壊を免《まぬが》れた白亜《はくあ》の校舎で行われました。物理学校は同窓会の結束が固く、財政困難な状況になるとかならず支援募金運動が起こって財政を助ける活動が展開されました。維持同盟の同志たちによる篤志家《とくしか》としての支援活動から、同窓会というより大きな一種の社会活動による支援へと移行するようになったことで、物理学校がさらに飛躍するきっかけになっていくのです。

劇的な最期となった第2代校長・中村精男《なかむらきよお》

時代は大正から昭和へと移り、物理学校への入学者は2000人を越え、昭和2（1927）年の在学生は2709人になっていました。

第1次世界大戦（1914〜1918年）の勃発は、日本の工業力を発展させ、好景気をもたらして一部で成金が誕生していました。しかし国民の生活は楽ではなく、社会運動が盛んになって米騒動や工場のストライキも頻発《ひんぱつ》するようになります。大正14（1925）年、治安維持法と普通選挙法が公布され、ラジオの放送が始まったのも大正から昭和にかけた時代です。女性たちがデパートの店員になり、バスガールやタイピストなどの職業につき、社会に進出したのもこのころです。

昭和3（1928）年2月20日、日本で初めて普通選挙が実施され、男子は25歳以上になると誰でも選挙権を持つようになったのです。この年、同志のうち2人が亡くなりました。5月20日に桐山篤三郎《きりやまとくさぶろう》が脳出血で死去します。桐山は長崎県出身で、大学卒業後、東大理学部助教授に採用されますが、4年後には退官して郷里の長崎県に帰ります。その後一貫して長崎県の中等教育に情熱を注ぎ、3つの学校の校長を務めるなど理学教育に生涯をささげました。

物理学校の主計（会計）を2度にわたり通算11年間も務めた桜井房記《さくらいふさき》が、健康が優れずに床に伏せるようになったのは、昭和になって間もなくです。桜井は、8年間も主計の重責をにない物理学校の財団法人への移行にも多大な功績を残しました。熊本の五高の教頭、校長時代は、英語教師として赴任してきた夏目漱石《なつめそうせき》と親交を結び、理学教育にも熱心に取り組んで多くの優秀な子弟を世に送り出しました。桜井は昭和3年12月12日に76歳で死去します。この時点で健在である同志はわずか4人となったのです。

昭和になっても物理学校を卒業することは依然として難しく、昭和4（1929）年の卒業生は99人です。その年の入学者が1179人ですから卒業が相当に厳しかったことが分かります。同窓会報の手記には、「昨今の風潮は学問のために学校に入るのではなく、学校卒業の特典に汲々《きゅうきゅう》とするものが多く、なんとかして入学し、どうにかして卒業すればいいという風潮がある。我々は、浮世の風を外に伝統的な鍛錬《たんれん》を経て卒業したものだ。それにもかかわらず、社会のあるものは、単に私学出身というだけで下位におかんとする傾向があるが片腹痛い」と痛烈に書かれてい

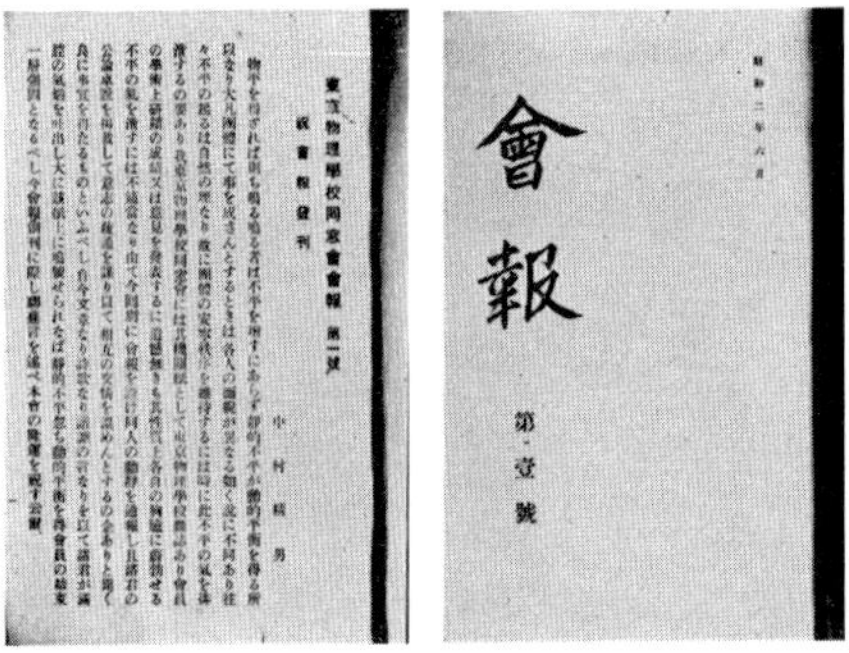
東京物理學校同窓會會報 第一號

我會報發刊

會報

第壹號

昭和2年6月に発行された同窓会会報第1号。
いまの「理窓」の前身である。

ます。

　関東大震災でもびくともしなかった物理学校の白亜の校舎のそばに、同窓会のクラブ会館が完成したのは昭和4（1929）年9月でした。現在の理窓会館の前身にあたるものです。日本家屋の3階建てでした。このクラブ会館で維持同盟の同志で健在だった人が、時たま集まっていました。誰言うともなく「老人会」の名前で呼んでいました。

「新館の落成記念と忘年会を兼ねて、年末に老人会をやろう」と言い出したのは三守守でした。同窓会のクラブ会館を同窓会の面々は新館と呼んでいました。昭和4年12月29日、三守、中村精男、中村恭平《なかむらきょうへい》の3人が新館の3階の座敷に集まりました。この日は、同窓会幹事らの忘年会が神楽坂の料理屋で開かれているので、まずそちらに出席し会合の途中で抜け出し老人会をやろうという段取りでした。

「物理学校から来た自動車は追い返し、西片町《にしかたまち》から歩いてきた」と元気なことを言ったのは、恭平です。恭平は東大に比較的近い文京区の西片町に長い間住んでおり、歩くことが健康の元だというのが恭平の持論でした。恭平は大学では精男の1年先輩でしたが、年は同じ

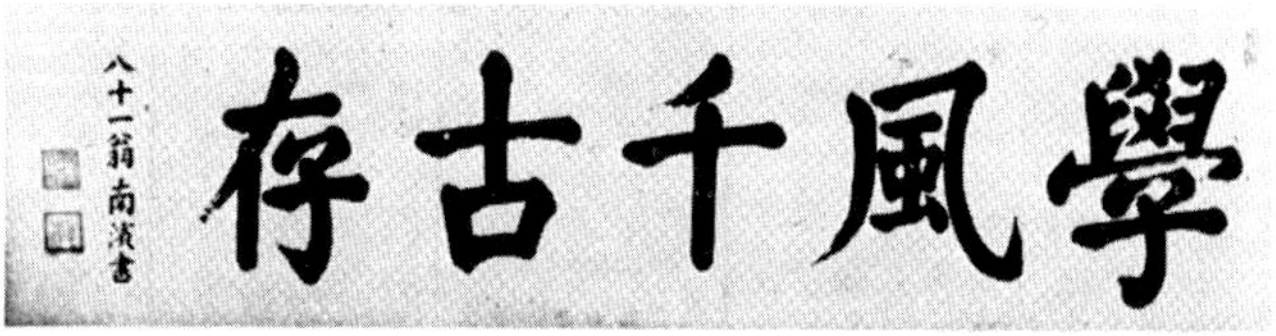

「学風千古存」の額は、同窓会会館の和室に掲げられていた。
いまも理窓会館の和室に掲げられている。

でありこのとき74歳でした。三守は3歳下の71歳です。

同志が集まれば決まって物理学校の草創期の話が繰り返されます。若いころ理学普及にかけた情熱を語り合い、学校経営と授業担当の苦労を語り合い、そして物故した同志たちの思い出話が繰り返されるのです。物理学校創立から来年で50年になるという節目を目前にして、3人はどことなく華やぎ、70歳を超えているというのに会話は童心に帰ったようにはずんでいました。

誰かが将棋をやろうと言い出しました。昔、よくやったという話から、よし将棋で対決しようとなったのです。将棋は立体的な創造力で勝負する理詰めのゲームだから、理学をやったものはどことなく惹《ひ》かれるゲームです。同志たちは将棋ファンが多かったのです。

恭平と精男が盤をはさんで向かい合いました。互いに昔はよく対戦した相手だが、社会人になってからはすっかりご無沙汰《ぶさた》でした。40何年ぶりの将棋対決ということも2人を楽しませています。観戦者は三守です。遠巻きにしている世話役の男女たちも、長老3人の童心に帰った光景を楽しそうに見ていました。

恭平が、乾いた快い音を響かせて、どうだと言わんばかりに駒を盤上にたたきつけ、それから精男の顔を見ました。長く伸びた白いまつげの下から温厚そうな眼をたゆませて、精男はしばらくじっと考えに浸《ひた》っています。恭平が盤上を見てまた精男に視線を戻したときでした。精男の上体が音もなく静かに右に傾き、そのまま畳の上に横転しました。脇《わき》で観戦していた三守がとっさに恭平の顔を見ました。何か冗談《じょうだん》だと思ったのです。しかし74歳の高齢者が冗談であるはずがありません。

恭平と三守はすぐに精男を正常に寝かせつけ、そのまま動かさずに周囲にいたものたちに医者を呼べと怒鳴りました。当時、脳出血と胃がんと肺病は命を奪う最大の病気であり誰もが恐れていたものでした。特に脳出血で倒れた場合は、体を動かさずに安静が第一と

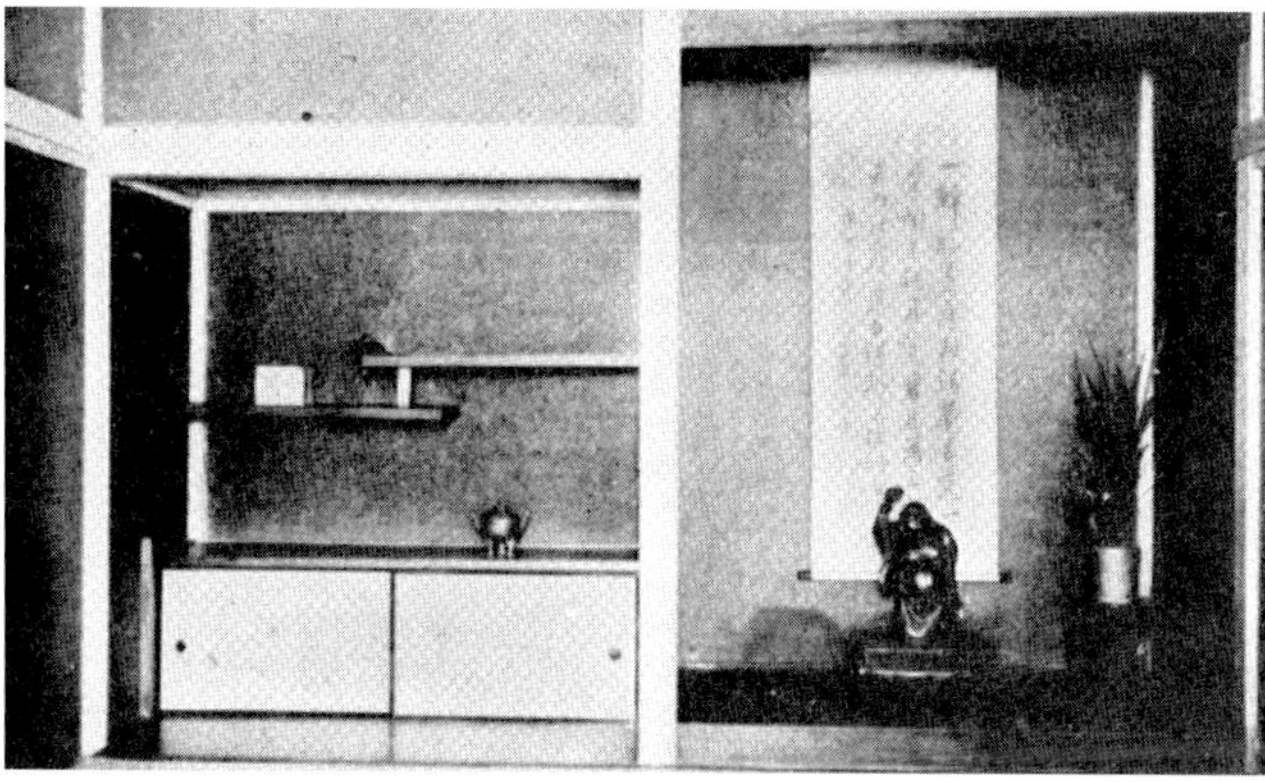

中村精男が倒れた同窓会会館の和室。物理学校を訪ねてきた維持同盟の志士たちの休息所として準備されたが、完成したとき健在だったのは4人だけだった。

いうのが通説になっていました。精男の体はそのまま同窓会館の3階に寝かされ、毎日定期的に医師の往診を頼んだのです。大晦日《おおみそか》も元旦も精男は、家族と同窓会の会員が交代する看病の中で横たわり、熟睡しているように見えました。しかし病状は病院に移送することもできないほど、危険な状態が続いていたのです。

昭和5（1930）年1月4日、精男は倒れた新館3階の座敷で寝たまま帰らぬ人となりました。74歳でした。まるで生涯を物理学校にささげるように、まことに劇的な死でした。振り返ってみれば精男は、明治29（1896）年に寺尾から物理学校の校長を引き継いでから34年間にわたって校長を務め上げました。昼は中央気象台長として公務に奉職し、夜は物理学校の校長として教壇に立ったのです。

精男が引き継いでからの物理学校は年々生徒数が増加し、経営母体は維持同盟の同志たちから財団法人へと引き継がれ、専門学校へと昇格していきました。精男の人格円満で高潔な人柄は誰からも敬愛され、日本の学術研究者の模範として長く慕《した》われていました。物理学校は精男の功績を称《たた》え学校葬として告別式を執《と》り行い、直ちに後任の第3代校長を中《なか》村恭平《むらきょうへい》に決めて発表しました。

創立50周年記念式典に閑院宮《かんいんのみや》が臨席

物理学校の正門の門柱は、榊《さかき》の葉で縁取りされた飾りで覆《おお》われ、日の丸の小旗が左右10本突き出ています。紅白の幔幕《まんまく》が校舎を取りまくように張りめぐらされ、校門の緑のアー

物理学校創立50周年記念式典の式場入り口

チをくぐって校舎に入ると玄関には白布で覆った受付のテーブルをしつらえ、正装した男女が幾重にも囲んでものものしい雰囲気でした。昭和5（1930）年10月17日、物理学校創立50周年記念式典が華やかに始まろうとしていました。

会場になった大教室正面の壁の上方に金色の漆塗りの額縁の中に、何枚かの写真が飾ってあります。50年前に物理学校を創設し、資金を出し合って今日の礎《いしずえ》を築いた同志たちの中で、すでに死去した13人の写真でした。ただしすでに死去していた鮫島晋《さめじましん》は、音信が途絶えて生死すら分からなかったため、写真はありませんでした。

閑院宮が臨席したのは午後1時から始まった記念式典でした。閑院宮は京都の公家《くげ》の出であり、明治5（1872）年に断絶した閑院宮家を継承して載仁《ことひと》殿下となっていました。陸軍幼年学校入校後にヨーロッパに留学し、フランスの陸軍大学を卒業、騎兵将校として教育を受けています。帰国後は士官学校の教官となり、日清、日露戦争に出征し、近衛師団長を歴任しました。その後、陸軍大将になり大正8（1919）年には陸軍元帥にまでのぼるのです。

皇族で現役の参謀長が、一介の私学の専門学校の式典に臨席するとはただ事ではありません。物理学校の卒業式や入学式などの式典には、昔から文部大臣や文部次官、東京帝国大学総長、理科大学学長ら政官界、学会の重鎮が列席することで知られており、皇族や参謀総長が列席しても少しも違和感がありません。

式典は教育勅語を朗読することから始まり、来賓は次々と祝辞を述べます。内閣総理大臣代理橋本伯爵、続いて文部大臣田中隆三《たなかりゅうぞう》（1864〜1940年）、東京府知事牛塚虎《うしづかとら》

閑院宮の臨席を仰ぎ、記念式は厳粛に開催された

太郎《たろう》（1879〜1966年）、東京市長代理、来賓総代山川《やまかわ》健《けん》次郎《じろう》男爵、日本中等教育数学会長代理、弘世《ひろせ》保険協会理事長、講師総代、卒業生総代、生徒総代と続き、ここまで10人の祝辞でした。さらに祝電の披露、学校関係者の功績表彰があり、ここまでに1時間50分以上費やしたと記録に残っています。

閑院宮が帰路についたのは午後3時半を回っていました。それから祝賀会が開かれ、翌日は丸の内の報知講堂で記念講演会が開かれ、翌々日は同講堂で生徒祝賀会が開かれる盛大な式典でした。

昭和7（1932）年1月22日、物理学校の事務室に同窓会長三守守が倒れたとの連絡が入りました。半身不随となり翌日、意識が混濁するようになったのです。その5日後の1月27日、三守守は死去しました。73歳でした。生前の功績を称《たた》えて物理学校葬が執《と》り行われ、同窓会会報が追悼号を発行しました。その中で卒業生の牛窪徳太郎《うしくぼとくたろう》は次のようなエピソードを書いています。

「予は、物理学校を卒業後に地方に就職した。数年後上京したとき母校に三守先生を尋ねた。そのとき当世の学生のふがいなさを罵《ののし》り、彼らは教師が欠勤すると歓声をあげて喜んでいると憤慨《ふんがい》した。先生は終始黙って聞いていたが、予が言い終わると顎鬚《あごひげ》を握りながら静に口を開いて、君らもその通りであったと一語肺腑《はいふ》（急所）を衝《つ》く言葉を言った」

物理学校の創始者である同志で残っているのは、中村恭平校長と京都の玉名程三《たまなていぞう》だけとなったのです。

第11章 最後の「生き証人」の死去

理科の教員養成学校となった物理学校

入学は誰でもできるが卒業は難しいという物理学校を出た人は、文部省の教員検定試験に合格する率が高く、全国の中学、高校の数学、物理、化学の教師の中で、物理学校卒業生がかならずひとりはいると言われるようになっていきました。物理学校の実力が認められると、物理学校高等師範科の卒業生は、大正9（1920）年3月の卒業生から、無試験で検定合格扱いになったのです。文部省が専門学校の卒業生に、このような制度を適用するのは例外でした。これだけでも物理学校の卒業生がいかに評価されていたか分かります。

表は明治27（1894）年から大正11（1922）年までの師範学校の中学校教員検定試験合格者数と、その中に占める物理学校出身者の割合を示したものです。この29年間の数学の合格者数は1488人ですが、そのうち物理学校出身者は790人で半分以上を占めています。物理は1774人のうち133人で全体の76パーセント、化学も111人のう

■師範学校と中学校教員検定試験合格者の中で物理学校出身者が占める割合

	数学			物理			化学		
	全合格者数	物理学校出身者数	物理学校合格者率	全合格者数	物理学校出身者数	物理学校合格者率	全合格者数	物理学校出身者数	物理学校合格者率
明治27年	40	15	37.5	1			4		
28	56	28	50.0	3	1	33.3	1		
29	42	24	57.1	2	2	100.0	1		
30	50	22	44.0	1	1	100.0	2		
31	72	59	81.9	3	3	100.0	3	2	66.7
32	81	44	54.3	2	2	100.0	2	2	100.0
33	47	30	63.8	3	2	66.7	3		
34	37	18	48.6	4	2	50.0	6	2	33.3
35	29	14	48.3	6	3	50.0	6	3	50.0
36	80	43	53.8	7	6	85.7	3	1	33.3
37	77	33	42.9	5	3	60.0	8	2	25.0
38	68	40	58.8	6	6	100.0	7	4	57.1
39	82	47	57.3	6	4	66.7	3	1	33.3
40	55	31	56.4	12	9	75.0	4	1	25.0
41	57	30	52.6	13	10	76.9	3	2	66.7
42	87	51	58.6	9	5	55.6	3	2	66.7
43	55	28	50.9	11	9	81.8	4	2	50.0
44	58	42	72.4	11	9	81.8	2		
45	54	36	66.7	11	10	90.9	5	4	80.0
大正2年	34	23	67.6	9	8	88.9	2	2	100.0
3	28	20	71.4	11	10	90.9	4	2	50.0
4	9	5	55.6	9	5	55.6	6	2	33.3
5	不明								
6	42	23	54.8	4	4	100	6	4	66.7
7	43	20	46.5	3	2	66.7	4	1	25.0
8	28	9	32.1	5	4	80.0	6	2	33.3
9	41	11	26.8	8	7	87.5	7	1	14.3
10	87	23	26.4	4	3	75.0	6	1	16.7
11	49	21	42.9	5	3	60.0			
計	1488	790	53.1	174	133	76.4	111	43	38.7

ち43人で約39パーセントにのぼっています。数学・物理・化学の3教科の物理学校出身者の合格率は、約55パーセントですから、学校の理科の教師の半分以上は物理学校出身者だったということです。日本の理学教育の中で、これだけ教師養成の実績を誇った学校はありません。卒業が難しいという一方で、理科の教師を輩出する特別な専門学校として物理学校の評価は定着していったのです。

昭和7(1932)年3月、同窓会の会長に中村恭平《なかむらきょうへい》が選出されました。恭平はすでに77歳になっており、物理学校に出てきても昔話ばかりしていました。恭平が好んで話をしたのは、愛知県の田原《たはら》藩から初めて上京した明治3(1870)年2月の話でした。当時、士族はまだ大小の刀を差しており、少年だった恭平は大刀を釣革に入れて右肩から左腰に吊《つ》るし、小刀は左の帯の間に挟《はさ》んでいたというのです。1日を15里(約60キロ)歩くのが普通で、上京のとき大井川を越えた晩には「川の祝い」で祝杯をあげ、箱根を越えると「山の祝い」で祝杯をあげるのが通例だったということです。恭平はまだ16歳の少年でしたが、「おい、小僧も飲めと言われて、無理やり茶碗《ちゃわん》で2、3杯は飲まされ、酔っ払ってひどい目に会った」と言って笑わせたりしていました。

田原藩には英語を話す者が2、3人いましたが、フランス語をやる者がいない。そこで藩として恥ずかしいからフランス語をやれと言われたのが、仏語物理学科へと進学するきっかけになったのでした。フランス語の理学の教科書でフランス語や英語、ドイツ語などで外国人教師が教えるのですが、語学力が乏しいのではよく分かりません。生徒が不平を言うと教師もいらいらしてよく怒ります。

「理不尽に怒る教師もいるもんだから、よし脅《おど》してやろうと短刀を抜いて閃《きらめ》かせる。実は鉛筆を削るということをやるのだが、これで外国人教師はたいてい驚いておとなしくなったもんだ。その脅しも間もなく廃藩置県、廃刀令が出て、短刀を取り上げられてできなくなった」

そんなエピソードを繰り返し話して聞かせるようになっていました。

日本はこの年、昭和7年から軍部が勢力を伸ばし、戦争への道をひたすら歩き始めるのです。中国に侵略した陸軍は、愛新覚羅溥儀《あいしんかくらふぎ》を（1906〜1967年）皇帝に据《す》えて傀《かい》儡《らい》国家の満州国を建国しますが、首相の犬養毅《いぬかいつよし》（1855〜1932年）は認めないと主張します。それに反抗した海軍将校たちが決起し、犬養首相を暗殺する五・一五事件が勃《ぼっ》発《ぱっ》します。暗殺された犬養に代わって首相になったのは、海軍出身の齋藤実《さいとうまこと》（1858〜1936年）であり、直ちに満州国を承認します。そして満州での既得権益の承認、日本軍の駐屯を認める日満議定書を締結していきます。昭和8（1933）年、日本は国際連盟を脱退して国際社会から孤立していきました。

第3代校長の中村恭平が死去

そのころ物理学校は神楽坂《かぐらざか》の校舎周辺の土地を買収し、新校舎建築の準備を始めました。昭和8（1933）年には中等学校理科教員志望者のために博物科を新しく設置しました。そのころ物理学校を切り盛りしていたのは理事で人事部長をしていた田中伴吉《たなかばんきち》でした。田中は67歳であり、面倒見がいいので人望がありました。長野県の出身で長野県師範学校を卒業、小学校に5年間勤めた後に上京、東京の小学校でも5年間勤務しました。学校勤めが終わると物理学校理化学科の夜間に入学し、物理や数学を学ぶようになるのです。理化学科を卒業したときに28歳でした。卒業後直ちに第一高等学校の助教となり5年間務め、そして物理学校の教師となって化学実験を担当するようになったのです。

「わしの実験は日本一だ」と田中自身が言うように、授業では実に鮮やかな実験講義をするので人気がありました。また田中は生徒をよく可愛がるので大勢の生徒から慕《した》われ、「たな伴《ばん》」とか「伴《ばん》ちゃん」と呼ばれるようになるのです。名講義は他の学校にも聞こえるようになり、開成《かいせい》中学、独協《どっきょう》中学、京華《けいか》中学、学習院などから請《こ》われて講師も勤めるようになっていました。

昭和8（1933）年の暮れになって、恭平の家族から恭平がほとんど寝たきりになったという連絡がありました。田中があわてて見舞いに駆けつけましたが、もはや家族の呼びかけにも反応が鈍くなり、謹厳で近寄りがたい風貌《ふうぼう》をわずかに残しているが、誰の目にも恭平終焉《しゅうえん》が間近に迫っていると映りました。

昭和9（1934）年1月21日、物理学校第3代校長の中村恭平《なかむらきょうへい》が死去しました。78歳でした。物理学校は訃報《ふほう》に接すると直ちに京都在住の玉名程三《たまなていぞう》に知らせました。物理学校を創設した維持同盟の同志16人のうち、生存しているのは玉名ただひとりとなったのです。電話に出た玉名は訃報を聞くと「おお……」とうめくように声を出し、しばらくして「われひとりとなりしが、何も貢献できずに齢《よわい》を重ねるだけであり慚愧《ざんき》の至りじゃ」と何度も詫《わ》びるように言いました。

恭平の葬儀は1月24日、青山斎場で学校葬として執り行われました。玉名に第4代校長は誰にするべきか意向を聞いてみたものの「物理学校の意向ですべて事を運んで欲しい」というだけでした。

時代は理学から工学へと急速に転換していきました。欧米の工業化にいち早く追いつくためには、理学という基礎学問に取り組むよりも実務上の成果が直ぐに期待できる工学へ取り組んだほうが国としても効率がいいのです。日本が欧米先進国に比べて、圧倒的に工学に偏《かたよ》っていったのはこうした事情によるものでした。

そのような時代の趨勢《すうせい》にいち早く気がついたのは、物理学校初代校長の寺尾寿《てらおひさし》でした。大正の後期ごろ、物理学校の教科を応用にまで広げるべきかどうか論議されたとき、同志や第2世代の理事たちの多くは「物理学校は理学普及の学校であり、数学、物理、化学の基礎を教授する学校でなければならない」と主張しました。「応用の学問は、物理学校の伝統の中に入らない」という意見で占められたのです。その中で寺尾はあからさまには発言しませんでしたが、理事たちが相談に来た際には「今はみんなあんなことを言っているが、ゆくゆくは物理学校を工科のほうに進めなければやっていけなくなる」と発言していました。

その言葉を聞いている理事や同窓生の中には、物理学校に応用教科や工科を設置して実践的な教育にもっと取り組んでいくべきである、という意見を強く言うものが出てきました。これに対し、「物理学校ののれんに泥を塗るのか」と気色《けしき》ばんで反論するものもいましたが、徐々に少数派意見となっていくのです。

第4代校長は理研所長の大河内《おおこうち》正敏《まさとし》子爵《ししゃく》となる

昭和9（1934）年3月上旬になって第4代校長の選考過程で出てきた名前の中で、最有力として浮上したのは子爵家の名門出である大河内正敏でした。大河内は、一高時代に田中伴吉から化学を教えられたことがあり、中村精男《なかむらきよお》、恭平、三守ら他の同志たちとも先輩後輩としての交流がありました。大河内はそのころ俊英がきら星の如く集まっているとして評判になっていた、財団法人理化学研究所の所長でした。所長でありながら子爵で貴族院議員であり、東大教授でもありました。果たして物理学校の校長を引き受けてくれるだろうか。それはかなり難しい人事であるように思われました。

財団法人理化学研究所の主任研究員は、東大、東北大、京大、東工大、東京文理大（現在の筑波大学の前身）などの教授を兼務する研究者で占められていました。理化学工業の設立目的は「理研の特許発明の工業化を実施し、理研特許を実施する会社に投資し、同社および理研の製品の販売を委託すること」としていました。基礎研究の成果をビジネスに結び付けようとしたものでした。

当時の国内特許は141件、国外特許は32件あり、主な製品は、ビタミンA、B、ネオトン殺虫剤、コランダム砂布、陽画感光紙、合成酒、ピストンリングなどでした。これを製造して販売する企業は、昭和15（1940）年には、58社になっています。この中には、現在のアサヒ光学、リコー、オカモト、協和発酵《きょうわはっこう》工業などがあります。このような実績は、大正10（1921）年9月に、43歳の大河内が第3代所長になった以降に築きあげたものでした。

大河内は明治11（1878）年に千葉県大多喜《おおたき》藩主で子爵の大河内正質《おおこうちまさただ》の長男として生まれました。学習院初等科に入学しましたが、学友には明治天皇の皇太子、後の大正天皇（1879～1926年）がいました。一高から東京帝国大学工科大学造兵科に進み、卒業後は大学に残り教授になります。そして大正10（1921）年に理研の第3代所長に就任するのです。

大物として知られている大河内の招聘《しょうへい》で力を発揮したのは田中伴吉でした。田中は一高の助教授をしているときに大河内を教えたことがあります。つまり大河内は田中の教え子でした。田中はある日、大河内に面会を求めます。田中が面会に来ると秘書から知らされた大河内は、一高時代に田中助教が教えた化学実験をサボった思い出があったので、「田中先生が来るのは、そのときのことを叱《しか》りにくるのではないかと思った」と後々、冗談半分で語っています。

理研の理事長室で面会した田中は、「物理学校は理学を基礎とした工学の方面にも力を入れた教育をするべきという方針を掲げていきたいので、是非とも校長に就任してご指導を賜《たまわ》りたい」と懇願します。大河内はこう応じました。

「伝統的な物理学校であれば、中途半端にはしたくない。私はほかにもいろいろ役職をやっているが、校長という職はやったことがない。この私に勤まるだろうか」と言います。田中は全力をあげてサポートすると熱をこめて説得し、最終的に大河内は校長就任を承諾したのです。

物理学校第4代校長に、子爵で貴族院議員、理化学研究所所長で東京帝国大学教授である大河内正敏が就任するという人事は世間を驚かせました。理学の専門学校である物理学校は、やはり他の専門学校とは違って格上であることを印象付けたのです。

校長に就任した大河内は直ちに、応用実践教育をする科目として本科に応用理学部を設置しました。さらに新校舎建設では「学校の経営も建築物も時代を考えてやるべきだ。せっかく応用理化学部を新設したのだから、ここは清新な校舎を建てるのがよろしい。鉄筋コンクリート5階建ての校舎をつくって大いに物理学校を盛り上げようじゃありませんか」

第4代校長　大河内正敏

と言ってコンクリート一部5階建ての校舎には近代的な実験室を設備し、工学系の校舎としてモデルになるようなものを建てさせたのです。
昭和12（1937）年の新校舎落成式では、大河内校長が代表して物理学校創始者たちの苦労をねぎらい感謝の言葉を切々と語りました。落成式の興奮がまだ冷めない2日後に内閣総理大臣秘書官を名乗

昭和12年10月に落成した鉄筋コンクリート一部5階建て校舎

る男が大河内校長を訪ねてきて一通の封書を置いていきました。開封してみると、近衛文麿《このえふみまろ》総理からの祝辞が入っています。墨で書かれた和紙の最後には、「昭和12年　公爵　近衛文麿」とありました。

近衛文麿（1891〜1945年）は、物理学校の実力主義を巧みに国家のあり方に結びつけ、最後は物理学校への期待をこめた祝辞をよこしたのでした。

この年、近衛内閣が発足して間もなく、盧溝橋《ろこうきょう》事件が勃発《ぼっぱつ》して日中戦争に突入していきました。記録によるとこのとき、物理学校同窓生6人が出征しています。近衛は「挙国一致」を国民に訴えて戦時体制を進め、言論統制のために内閣情報局を設置しました。年末には南京《なんきん》が陥落し、勢いにのった近衛は、翌昭和13（1938）年には「爾後《じご》、国民政府を対手とせず」の声明を出して蒋介石《しょうかいせき》との交渉を打ち切り、日中間はますます緊迫した重大局面へと進んでいくのです。

物理学校最後の生き証人の玉名程三《たまなていぞう》が劇的な幕引き

昭和12（1937）年、落成式が終了して間もなく理事会が開催されました。同志でただひとり残った玉名の話になったとき、家人は「相当に弱ってきています」と言ったことが披露されます。そのとき誰かが「そういえば玉名先生は文久元《ぶんきゅう》（1861）年生まれだから、今年は喜寿《きじゅ》（77歳）のはずだ」と発言したのです。それで京都へ行って喜寿の祝いをしようという話になります。田中ら2人の理事と物理学校の事務方の3人が代表で行くことに決まりましたが、京都は折りしも紅葉の真っ盛りです。伝え聞いた教師や関西方面の同窓会の面々が紅葉見物も兼ねて喜寿のお祝いを盛大にやろうということになり、たちまちにして20人ほどが出席したいと名乗りをあげました。こうして玉名程三の喜寿の祝いは落成式から10日後の10月24日、昭和天皇に料理を献上したこともある京料理の老舗《しにせ》「伊《い》勢長《せちょう》」で盛大にやることが決まりました。

玉名は足元がやや弱ったようであり、家族に手をひかれながらも、思ったよりは元気な顔色でした。「伊勢長」の大広間の席の中央には玉名夫妻が座り、それを取り囲むようにして20人ほどの物理学校関係者が座りました。祝杯をあげると、玉名は嬉しそうに感謝の言葉を発しましたが、それがなかなか力強いので一同は安心したという雰囲気になります。長崎県で生まれた玉名は、上京するときには米国汽船で来たという話に一同は引き込まれていきます。

「コスタリーカという船に乗船して、数日間かかって江戸表に来た。汽船は直径2間(約3・6メートル)もあろうかという大きな水車で水をかくので、じゃぶじゃぶ、がたがたとうるさいが、子供心に面白くて終日、船上から見物していたもんだ。江戸に着いた後は、寺小屋に代わるべきものもないので、仕方なく知人の家で読み書きをしていた。その後、神田一ツ橋の大学南校（後の東大）に入学することができ、明治10（1877）年に特別の理由をもって東京大学理学部の予科へ入学が許されたものだ」

玉名が卒業するのは、仏語物理学科の3期生であり、明治13（1880）年には同期生の中でもっとも若い20歳で卒業しています。

「大学を出たところでその当時は奉職の道もなく、お前は若いから少し遊んでおれと言われて、しばらく大学の観象台で気象観測を手伝ったりしていた。しばらくして東京外国語学校と第一高等学校の教師をしていたが、物理学校が創立された後は、8年間、教鞭《きょうべん》をとっていた」

玉名が話をするときは、一同水を打ったように静まり聞き耳を立てていました。草創期の物理学校で8年間教鞭をとったということは、みな初めて聞くことであり、それだけでも玉名が物理学校に貢献した業績に感銘を深くするのです。さらに玉名は、「鹿児島県造志《ぞうし》館《かん》を辞めて上京した折りにも、物理学校で数年間教師をしておった。それから仙台の二高へ赴任した」と言うが、そのこともみな初めて知ることでした。

明治33（1900）年、二高から三高へ転勤した玉名は、以来11年間教授を務め、明治44（1911）年に文部省から転勤の命を受けたがそれに従わず、辞任して引退生活に入ったのでした。

「私ごときは、世間に対して何等貢献することなく、慚愧《ざんき》の至りじゃ。このように喜寿の祝いを受けて、冥加《みょうが》の至りにて各位のご芳情に深く感謝する」

玉名の感謝の言葉で盛大な喜寿の祝いはお開きとなりました。玉名は家人の手を借り足元を確かめながらゆっくりと迎えの自動車に乗り込むと、物理学校関係者20人ほどが見送る中を去っていきました。

その祝いの宴《うたげ》から13日しか経っていない11月6日、京都から物理学校に「玉名死去」の訃報《ふほう》が入ったのです。京都で喜寿の祝いに同席した面々はわが耳を疑いました。誰もが信じがたい顔をしました。

玉名は喜寿の祝いの後、毎日ご機嫌で祝いの宴の話を家族に繰り返し話していましたが、数日後に急に元気がなくなり寝たきりになりました。そして11月5日の夜からほとんど意識がなくなり、6日早朝、眠るように大往生しました。明治14（1881）年6月13日、「郵便報知」に掲載されて始まった物理学校の歴史の最後の生き証人は、こうして京都で劇的に最後のページを閉じたのでした。

理学普及に命をかけた16人の同志たちの情熱の炎は、たいまつとなって新しい時代の東京理科大学へと引き継がれていきました。

第12章 戦時下の物理学校

戦時体制の中で坂を転げ落ちる日本

昭和12（1937）年7月8日未明、中国の北京《ぺきん》市郊外の盧溝橋《ろこうきょう》付近で日中の軍隊が衝突して戦闘が始まりました。日中全面戦争から太平洋戦争へと日本は無謀な道を走り出した重大な出来事でした。

物理学校は大河内正敏《おおこうちまさとし》理事長兼学長による応用理化学部の設置で、入学者の人気がさらに高くなっていました。応用科目を習得している卒業者ということで、企業からは引く手あまたになったのです。卒業前年の11月までに就職先がすべて決定するということは、当時としては異例のことでした。卒業式で大河内校長は「科学の発達は軍隊を機械化し、戦争を科学化し、最小の犠牲で最大の効果をあげようとしている。日本は大和魂《やまとだましい》だけでも戦争にかならず勝てる。しかしこれだけでは犠牲も大きいだろう。昔から偉い科学者で兵器、弾薬の研究をやらなかったものはいない。いかに科学が今日の兵器、弾薬に必要であるかは申すまでもない」と語っています。戦時下に入った時代ですが、戦争はすでに「大和魂」の戦いではなく、科学戦になっていることを大河内は見抜いていたのです。

昭和14（1939）年4月の新学期が始まって間もなく、物理学校の創立記念日を決めることになりました。大河内が来てから矢継ぎ早に物理学校の校旗と校章と校歌が決まりましたが、創立記念日はまだ決まっていませんでした。理事のひとりが「物理学校の前身である東京物理学講習所が生徒募集の広告を『郵便報知』に掲載したのは、明治14（1881）年の6月13日である。その日を創立記念日にしたらどうか」と提案しました。するともうひとりの理事が「13という数字は西洋では嫌う。14日にしたらどうか」と言いだし創立記念日が確定したのでした。

先に決まっていた校章は、物理の最初の文字の「物」という字をデザイン化し、これに物理の「理」

「物理」の象形文字をあしらった校章旗

の字を配したものです。「物」の偏にある「牛」は、象形文字で表したもので、校旗の上半分は淡い藍色《あいいろ》、下半分は赤紫色です。このとき大河内は校章をあしらった優勝旗を寄贈しています。柔剣道などの校内大会で優勝したものに授与するものでした。

戦時体制になって物理学校でも軍事教練が行われ、全国学生の観閲式などにも生徒代表が参列するようになっていきます。物理学校でもこうした世相を受けて、「東京物理学校報国団」が結成されました。鍛錬《たんれん》部、国防部などを擁《よう》する職員・生徒全員で組織する報国団が結成され、神宮外苑陸上競技場では、学校報国連合会大会も開催されて、物理学校からも100人ほどの生徒が参加しました。

昭和16（1941）年12月8日、日本はついにアメリカ、イギリスに宣戦を布告し、太平洋戦争へと突入していきます。物理学校でも授業どころではなくなりました。東京で空襲が始まり、多くの生徒たちが軍需工場へと狩り出されていきます。生徒の大半が特設防護団に出て、消防、防毒、救護班が結成されて、毎日のように訓練が実施されています。

文科系の学生は、在学中のものは満26歳になるまで徴兵を延期する特例がありましたが、これには高等教育を受けるものが少数だったことから「金持ち優遇だ」と国民が反発しました。その一方で、軍隊の現場では下級指揮官が不足し始めていました。これを解消しにして挙国一致体制を確立するとの名目で、昭和18（1943）年12月からは、満20歳の徴兵年齢に達した大学・高等専門学校の学生は、理工系・教員養成を除いて入営せよとの命令がくだるのです。

その年の10月7日、戦意高揚を目的に神宮外苑競技場で文部省主催の出陣学徒壮行会が開催されました。関東地方の学生たちが集まり、東条英機《とうじょうひでき》（1884〜1948年）首相の出席のもとに盛大な壮行会が開催されました。物理学校からは昼間に通学していた全生徒が参加することになり、出陣する学生と壮行会に参列する学徒107校6万5000人と合わせて7万人が神宮の森に集結しました。

戦局は日に日に日本軍が不利になっていき、東京で米軍の空襲が始まりました。物理学校周辺にも焼夷弾《しょういだん》が落下し、校舎外壁が焼けて教職員生徒が総動員して消しとめたこともあります。周辺の民家に焼夷弾が落下し、火災が広がって校舎に迫ってくることもありましたが、なんとか延焼を免《まぬが》れました。

昭和20（1945）年5月25日、東京大空襲に見舞われ、物理学校周辺でも大きな被害を受けました。学校周辺でも焼失した家屋が多く、講堂には焼夷弾が3発、石炭庫に1発、その周辺にも10数発が落下しましたが、石炭庫を焼いただけで損害は軽微でした。関東大震災でも被害がなかった物理学校は、空襲でも大きな被災を受けず、奇跡的に損害軽微の状態で校舎は残ったのです。

昭和20年8月15日、日本はポツダム宣言を受諾して無条件降伏しました。ようやく平和が戻りましたが、日本社会はいたるところで疲弊し、戦後の混乱が続く中で物理学校も新たな教育に取り組んで行きます。アメリカ政府が設置した連合国最高司令官総司令部（GHQ）は、政府に対し戦時中の戦争主導者と協力者を職場から追放するよう指示を出しました。大河内は公職追放となり神奈川県の真鶴《まなづる》の別荘にこもりました。そこで科学主義工業や趣味の陶器鑑賞の書物を読んだり、自ら著作を執筆して過ごしましたが、追放解除になった翌年の昭和27（1952）年8月29日、73歳で死去しました。

大河内の辞任のあと、直ちに後任の第5代校長に平川《ひらかわ》仲《ちゅう》五郎《ごろう》が就任しました。物理学校を再興するために教員一同必死に取り組みます。日本社会は急速に復旧への道を歩み始めました。占領軍の統治下で民主主義という言葉がはやり、学制も見直されて国民学校を廃止し、学校教育法によって6・3・3・4制の新学制が昭和23（1948）年4月からスタートを切りました。これに伴って物理学校も新制大学へと衣替えすることになり、同年8月、文部省に対し東京理科大学設置認可申請書が提出され、翌昭和24（1949）年2月21日に認可されました。

平川仲五郎

こうして物理学校は、本邦初の理工系単科大学となる東京理科大学へとバトンタッチされていったのです。その年の新学期に備えて、東京理科大の新学長に大物を招聘《しょうへい》することが検討され、東北帝大の総長をやった本多光太郎《ほんだこうたろう》に白羽の矢を立てます。本多光太郎は、愛知県岡崎市の出身で、小

本多光太郎

学校のころはビリに近い成績でしたが、11歳で父親を亡くしたときから発奮して勉強に励み、東京帝大物理学科を卒業しました。長岡半太郎《ながおかはんたろう》の指導で磁気のひずみの研究をしてヨーロッパに留学し、帰国後に東北帝大の教授となったのです。鉄の磁性研究に取り組んで永久磁石鋼（ＫＳ鋼）を発明し、「鉄の神様」として世界的に知られた工学者であり天下に名が轟《とどろ》いていました。磁性材の基礎的な研究を進展させて計測機器を飛躍的に向上させるなど工業の発展に多大な貢献を果たしていました。

「産業は学問の道場なり」という言葉を残したように、今で言う産学連携も積極的にすすめ、理化学研究所の大河内理事長時代には、理研と共同研究を展開し、師匠の長岡半太郎、オリザニン（ビタミンＢ１）の分離抽出に成功した鈴木梅太郎《すずきうめたろう》（１８７４〜１９４３年）と並んで理研の三太郎と言われました。

本多は昭和6（1931）年から同15（1940）年まで東北帝大の学長を9年間務め、昭和12（1937）年には第1回文化勲章を受章しています。このとき、長岡半太郎も一緒に受章しました。

これほどの大物の招聘となって理事、同窓会、教師たちもみなびっくりすることになります。そのとき東京理科大学の同窓会会長をしていた小倉金之助《おぐらきんのすけ》（1885～1962年）は東北帝大の出身であり、東北帝大には知人が多かったのです。その小倉も加わって本多光太郎の学長招聘は支障なく進みました。

昭和24（1949）年4月1日、東京理科大学初代学長に本多光太郎が就任しました。本多は同時にまだ専門学校として在学生を抱えていた物理学校の第6代校長にも就任したのです。この人事は世間から驚きをもって迎えられました。「鉄鋼研究の世界的権威、東京理科大学学長に就任」というニュースは大学関係者の間を駆け巡り、さすが伝統ある物理学校を継いだ東京理科大学として注目を集めました。

昭和26（1951）年3月10日、物理学校の最後の卒業式が行われました。明治時代は卒業式を年2回行ったり、途中で中断したこともありましたが、通算すると奇しくも100回目という節目に当たる卒業式でした。そして最後の卒業生を送り出した3月31日をもって物理学校は正式に閉校となりました。明治14（1881）年に創設され、16人の同志たちによって支えられた物理学校の70年の歴史に幕が降ろされ、東京理科大学という新しい幕があがって第2の歴史が始まったのです。

第13章 伝統を引き継いだ戦後の東京理科大学

研究レベルの高い大学をめざす

太平洋戦争に負けた日本は、ポツダム宣言の執行のために占領政策を行った連合国軍最高司令本部の方針で、あらゆる制度が改革されていきました。昭和24（1949）年の学制改革によって生まれた東京理科大学は、第1部（昼間）、第2部（夜間）の学生は合わせて1003名になりました。

初代学長は、当時、世界最強の永久磁石鋼の発明者として世界的に有名だった本多光太郎《ほんだこうたろう》でした。本多は「学問のあるところに技術は育つ、技術のあるところに産業は発展する、産業は学問の道場である」と語り、大学の研究成果が産業界で活かされることを重視していました。そのためには、質の高い研究をしなければならないというのが持論であり、東京理科大学も質の高い研究成果を目指すという方針を打ち立てました。論文の全ての審査を専門の学会に依頼し、発表が許されたものだけで研究論文集としてまとめ、レベルの高い研究大学を目指しました。

戦後の混乱期を脱して日本が高度経済成長期に入ると、多くの企業は理学部で基礎学問を学んできた学生だけでなく、応用部門を学んだ学生を要請するようになってきました。そこで東京理科大学は、昭和34（１９５９）年から理学部に応用化学科、応用物理学科、応用数学科などを次々と新設しました。さらに同35（１９６０）年には薬学部を創設し、理工系総合大学へと拡充する足掛かりとしました。

物理学校から東京理科大学へと名前は変わりましたが、年配の人の中には戦前のように物理学校と呼ぶ人も多く、昼は働き夜に勉強するという物理学校時代からの伝統を引き継ぎ、夜学に通ってくる学生も多数いました。夜間部の授業と夜遅くまで研究する研究室の明りは飯田橋《いいだばし》と神楽坂《かぐらざか》の風物詩となるのです。

『雁《がん》の寺』で昭和36（１９６１）年第45回直木賞《なおきしょう》を受賞した作家の水上勉《みずかみつとむ》（１９１９〜２００４年）は次のような短歌をよんでいます。

勤め終えて　市ケ谷《いちがや》土手を帰りくれば　物理学校に燈《ひ》はともりたり

これは昭和万葉集巻6に収納されています。

このように東京理科大学と名前を変え、新制の大学になってからも物理学校という名前はまだ多くの人々に愛されていました。

物理学校時代は、「入るのは簡単だが出るのは難しい」という評判だったように、誰もが入学できても卒業するのはたいへんだというのが伝統でした。その伝統は東京理科大学になってからも引き継がれていきます。それをきちんとした形で打ち立てたのは、昭和30（1955）年から2代目の学長となった真島正市《まじままさいち》でした。真島は在学生のやる気を引き出すために「関門制度」を設け、1年生から2年生への進級時には関門科目をすべて合格しなければ進級できない制度をつくり、現在まで引き継がれてきています。物理学校時代に確立した実力主義の伝統を現代まで連綿と守り続けてきたのです。

工学部を新設して理工系総合大学へ発展

昭和35（1960）年ころから、コンピューターの初期の機種が生まれ、当時は電子計算機と呼ばれていました。東京理科大学はきたるべき情報化時代の重要性にいち早く気がつき、わが国で最初のコンピューター教育を始めました。国産の最も古いコンピューターである富士通のFACOM201型を導入し、数値計算の授業と研究に使いました。その当時はまだ真空管時代のコンピューターであり、長時間使用していると加熱してヒューズを飛ばし、修理代にお金がかかると担当の教員から大目玉をくらう学生もいました。このパラメトロン電子計算機は現在、東京理科大学近代科学資料館に展示されています。

いまの世の中、企業はすぐに役立つ人材を求めるようになっており、東京理科大学も昭和37（1962）年から工学部を設置して、ここに名実ともに日本で初めての理工系総合大学が確立されました。東京理科大学の卒業生は社会人として輩出《はいしゅつ》されていくと、各界で活躍し、実力主義の伝統と、さらに真面目《まじめ》で手堅い学風の素地を受け継いだ人材は、高く

パラメトロン電子計算機（FACOM201）
（東京理科大学近代資料館所蔵）

評価されていきます。

　そのような産業界からの人材養成への期待はさらに高くなり、これに応えるために千葉県野《の》田《だ》市に広大な土地を求め、昭和42（1967）年には基礎理論とその応用を身につける理工学部を創設しました。広大な敷地を活かして加圧浮上試験装置、150万ボルト衝撃電圧発生装置、風洞実験装置など大型実験設備を次々と設置して、学術研究の成果と産業に直結する成果を次々と打ち立てていきました。現在は薬学部、理工学部が野田キャンパスに集まっています。

　また、昭和62（1987）年に創設された基礎工学部は、1年次に北海道の長万部《おしゃまんべ》の全寮制で学習するという、日本でも初めての大学教育を手がけました。そして平成15（２００３）年には、文部科学省の「特色ある大学教育支援プログラム」に採択され、大自然の中で学ぶ全寮制の教育システムは大きな評判を呼びました。

未来に向かって躍進する物理学校の伝統大学

東京理科大学となってからも物理学校の伝統を引き継ぎながら、新しい学部・学科の設置やカリキュラムの見直しをしてきました。充実した研究と人材育成を2つの大きな柱にしたのです。研究部門は、総合研究機構をつくり多くのテーマの研究センターをつくりました。また大学院教育にも力を入れて、真に役立つ人材を社会に供給する大学をめざすようになります。これも物理学校時代からの伝統でした。

東京理科大学は、平成25（２０１３）年から東京都葛飾《かつしか》区に新しい葛飾キャンパスをつくりました。ここに工学部、基礎工学部を移転して研究と教育にまた新たな局面を開こう

東京理科大葛飾キャンパス（上下）

としています。明治14（1881）年に高い志を持った同志たちが創設した物理学校の伝統は、130年の歳月を重ねて現代に引き継がれているのです。

物理学校の創設前後から発展の歴史

（太字は物理学校関連、そのほかは歴史的な出来事）

元　号	西　暦	出　来　事
嘉永12	（1853）年	ペリー艦隊浦賀に来航
安政元	（1854）年	ペリー再来、日米和親条約／英・ロシア・オランダとも和親条約
2	（1855）年	江戸に大地震（安政の大地震）／幕府、洋学所を九段坂下に置く
3	（1856）年	洋学所を蕃書調所と改称／吉田松陰、萩に松下村塾開く
5	（1858）年	日米通商条約調印／英・ロシア・オランダとも調印／福沢諭吉、築地鉄砲洲（現在の東京都中央区明石町）に私塾開く（慶應義塾の始まり）
6	（1859）年	安政の大獄（吉田松陰ら死刑）
万延元	（1860）年	桜田門外の変／横浜開港／福沢諭吉遣米使節に随行
文久2	（1862）年	生麦事件／幕府蕃書調所を洋書調所と改称、一ツ橋門外へ移転
3	（1863）年	薩英戦争／幕府オランダに留学生派遣／洋書調所を開成所と改称
元治元	（1864）年	四国連合艦隊が下関砲撃／幕府長州出兵
慶応2	（1866）年	薩長連合なる
3	（1867）年	福沢諭吉、学塾を慶應義塾と称す／討幕の密勅下る／大政奉還／王政復古の大号令／米人ヘボン、最初の「英和辞典」完成
明治元	（1868）年	戊辰戦争始まる／五箇条の御誓文／江戸城開城／彰義隊抗戦／江戸を東京と改称／明治改元／会津藩降伏／江戸城が皇居に
2	（1869）年	東京遷都／榎本武揚ら降伏、戊辰戦争終わる／昌平坂学問所を大学校に／大学校を大学とし、開成所を大学南校、医学校を大学東校とする
3	（1870）年	**全国の秀才青少年（貢進生）に英才教育、成績優秀者を東京大学に進学させる**／庶民の帯刀禁止
4	（1871）年	郵便規則制定／文部省置く／廃藩置県／散髪脱刀許可令／岩倉具視ら欧米視察
5	（1872）年	学制頒布、四民（士農工商）平等による義務教育制度発足／新橋横浜間に鉄道開通／太陽暦を採用／日本初の気象観測所、函館に開設
6	（1873）年	徴兵令布告／地租改正条例公布／征韓論敗れ、西郷隆盛ら下野
7	（1874）年	板垣退助ら民撰議院設立建白書を提出（自由民権運動の始まり）／佐賀の乱起こる
8	（1875）年	讒謗律・新聞紙条例頒布／江華島事件／新島襄、同志社を興す／中央気象台置く
9	（1876）年	廃刀令／札幌農学校設立／熊本・山口などで反政府の乱／米、ベル有線電話の発明
10	（1877）年	開成学校が東京大学となり、法理文医４学部制に／西南の役（西郷隆盛自殺）／日本、万国郵便連合に加入／愛知の士族、尾崎正求『数学三千題』刊行
11	（1878）年	**東京大学理学部仏語物理学科１期生として寺尾寿ら５人が日本最初の理学士の資格を得て卒業**
12	（1879）年	琉球藩廃して沖縄県に／山川健次郎、日本人最初の物理学教授になる／学制を廃止教育令を制定／米、エジソン白熱灯発明

明治 13	(1880) 年	集会条例制定／**和田雄治、中村精男やメンデンホールらと富士山頂で最初の気象観測や重力測定をする**／官営工場の払い下げ／東京法学校（現在の法政大学）、専修学校（現在の専修大学）設立
14	(1881) 年	明治法律学校（現在の明治大学）設立／**理学士による学校創設者に実験器械の貸与が東大加藤弘之総長に認められる（3 月）**／**郵便報知新聞に「東京物理学講習所設立」の広告（6 月 13 日）**／東京職工学校（現在の東京工業大学）設立／**東京物理講習所飯田町の稚松小学校に開校（9 月 11 日）**／国会開設の詔／**物理講習所、神田錦町の大蔵省簿記講習所を借用（12 月）**
15	(1882) 年	集会条例を改め、集会結社の取り締まりがきびしくなる／東京専門学校（現在の早稲田大学）設立／**物理講習所、本郷区元町の進文舎を借用**／**物理学校、神田今小路に自前の校舎を建てる**
16	(1883) 年	新聞紙条例改正／東京気象台で初めての天気図が作成される／**寺尾寿留学から帰国（4 月）**／鹿鳴館落成／**物理講習所改革総会開催、東京物理学校と改称、初代校長に寺尾寿（9 月）**
17	(1884) 年	制度取調局設置／東京高等商学校（後の一橋大学）創立／華族令公布／**物理学校、台風で校舎倒壊（9 月）**／**物理学校、麹町町九段坂下牛ガ淵の共立統計学校を借用**／秩父事件／甲申の変
18	(1885) 年	大阪事件／太政官制度の廃止、伊藤博文による内閣制度発足／新聞紙条例改正／**寺尾寿の提案で物理学校維持同盟結成**／内閣制度制定（第 1 次伊藤博文内閣）
19	(1886) 年	尾崎正求の『数学三千題』が小学校教科書になる／条約改正のため法律取調べ所設置／帝国大学令公布／小・中・師範学校令公布／**物理学校、神田駿河台淡路町の成立学舎を借用（9 月）**／**物理学校、神田小川町の仏文会校舎を借用（11 月）**
20	(1887) 年	東京音楽学校・東京美術学校創立／保安条例公布、反政府分子を追放
21	(1888) 年	磐梯山の噴火（山体崩壊に伴う岩石なだれで山麓の集落埋没）／**寺尾寿、『中等教育算術教科書』刊行（2 月）**／**物理学校の東京職工学校の予備校化なる**／**物理学校の学規を改定、続けて 2 回落第した生徒は退学させることに**／東京天文台設置、寺尾寿が初代台長に／**物理学校初の卒業式（7 月）**／**物理学校、仏文会校舎（小川町校舎）を購入（12 月）**／**物理学校の訳語委員会による『物理学術和英仏独対訳辞書』完成**
22	(1889) 年	大日本国憲法発布／**物理学校同窓会が発会、『東京物理学校同窓会雑誌』刊行（6 月）**／東海道本線全通
23	(1890) 年	教育勅語発布／第 1 回帝国議会開く／北里柴三郎、破傷風血清療法
24	(1891) 年	足尾銅山鉱毒問題起こる／**高野瀬宗規の発案で物理学校に度量衡科を創設することに**／濃尾地震（10 月）
25	(1892) 年	**長岡半太郎が物理学校同窓会雑誌に『万国度量衡ノ起源及ビ其沿革』を連載**／田中正造、議会で足尾銅山鉱毒問題を訴える
26	(1893) 年	田中館愛橘、全国の地磁気を測る／**『普通物理学教科書』（三守守編纂）刊行**／**中村精男『日本の気候』（英文）を刊行**
27	(1894) 年	日清戦争起こる（～ '95 年 4 月）
28	(1895) 年	野中到、冬季富士登山に成功／下関条約／ロシア・ドイツ・フランスによる三国干渉／**中村精男、第 3 代中央気象台長に任命される**／**和田雄治の応援で野中到、夫人の千代子とともに冬の富士山頂で気象観測始める**
29	(1896) 年	**物理学校の 2 代目校長を寺尾寿から中村精男に**／**桜井房記が勤める熊本第五高等学校に夏目漱石が赴任**／明治三陸地震、津波の被害甚大（6 月）
30	(1897) 年	八幡製鉄所設立／志賀潔、赤痢菌を発見／京都帝国大学創立

明治 31	(1898) 年	万国郵便条約調印／保安条例廃止
32	(1899) 年	高等女学校令・実業学校令公布／私立学校令公布
33	(1900) 年	治安警察法公布
34	(1901) 年	八幡製鉄所操業開始／高嶺譲吉、アドレナリン創製
35	(1902) 年	木村栄、緯度変化のZ項発見／伊豆鳥島火山噴火（島民全員死亡）
36	(1903) 年	**専門学校令が公布されるが、物理学校は各種学校として扱われる**
37	(1904) 年	日露戦争始まる（～ 05 年 9 月）
38	(1905) 年	ポーツマス講和条約調印／**物理学校、牛込区神楽坂に校舎土地を購入（11 月）**
39	(1906) 年	島崎藤村『破戒』著す／**夏目漱石『坊っちゃん』を著す**／**物理学校神楽坂に新校舎竣工、創立 25 周年記念式典（9 月）**／南満州鉄道株式会社設立
40	(1907) 年	小学校令改正（義務教育 6 年）／東北帝国大学創立
41	(1908) 年	**石川啄木、北原白秋の住まいのそばの物理学校について日記に残す**
42	(1909) 年	伊藤博文暗殺される／**物理学校卒業者に中等教育検定試験の受験資格が与えられる**
43	(1910) 年	大逆事件（幸徳秋水ら逮捕）／韓国併合、朝鮮と改称、朝鮮総督府設置／鈴木梅太郎、オリザニン創製／九州帝国大学創立
44	(1911) 年	幸徳秋水ら死刑／**東北帝国大学理科大学が物理学校卒業生を受け入れ**／**物理学校の早稲田大学への身売り話がもちあがるが、のちに白紙撤回**
45	(1912) 年	明治天皇崩御（7 月）
大正元	(1912) 年	第 1 次護憲運動始まる
3	(1914) 年	桜島噴火（大正噴火)、大隅半島と陸続きに／**東京物理学校同窓会臨時大会で財団への経営移譲が決まる（翌年実施）**／日本、ドイツに宣戦布告、第 1 次世界大戦（～ 18 年）に参戦
5	(1916) 年	**東京物理学校卒業生の小倉金之助に東北帝国大学から理学博士号が授与される（私学では日本最初の博士）**
6	(1917) 年	**東京物理学校の専門学校に認定（3 月）**／理化学研究所設立／本多光太郎ら KS 磁石鋼を発明
7	(1918) 年	シベリア出兵始まる／米価騰貴、富山で米騒動起こる／大学令・高校令公布／野口英世、黄熱病病原体発見
8	(1919) 年	朝鮮に独立運動起こる（万歳事件）／中国に五・四運動（排日運動）起こる／ヴェルサイユ条約調印
9	(1920) 年	**物理学校高等師範科卒業生は無試験で検定合格扱いに**／日本、国際連盟に正式加入／日本最初のメーデー
10	(1921) 年	海軍の主力艦の制限をめぐりワシントン会議／メートル法採用
11	(1922) 年	アインシュタイン博士来日
12	(1923) 年	**関東大震災（日本災害史上最悪)、物理学校の校舎は無事**
13	(1924) 年	第 2 次護憲運動起こる
14	(1925) 年	治安維持法公布／普通選挙法公布／地震研究所設置／**物理学校財団法人化 10 周年記念式典（11 月）**
15	(1926) 年	大正天皇崩御（12 月）
昭和元	(1926) 年	12 月 25 日に改元、昭和元年は 1 週間で終わる

昭和2	(1927) 年	北丹後地震（3月）／金融恐慌起こり、銀行の休業続出／第1次山東出兵／東京の上野・浅草間で地下鉄開通／**『同窓会会報』を発刊**
3	(1928) 年	最初の衆議院議員普通選挙／第2次・3次山東出兵／張作霖爆死／**寺尾寿の寄贈本をもとに「寺尾文庫」開設**
4	(1929) 年	**物理学校の創立記念日を決定／物理学校同窓会のクラブ会館完成（9月）**／世界恐慌がアメリカから始まる／プロレタリア文学が隆盛
5	(1930) 年	ロンドン海軍軍縮条約調印／大阪帝国大学創立／上野に科学博物館が開館**／物理学校創立50周年記念式典が閑院宮臨席のもとに行われる**
6	(1931) 年	満州事変起こる（柳条溝の満州鉄道の爆破事件）
7	(1932) 年	満州国建国宣言／5・15事件（海軍青年将校指導によるクーデター、犬養毅首相暗殺される）／富士山頂に通年観測所が完成
8	(1933) 年	昭和三陸地震、津波の被害甚大（3月）／日本、国際連盟より脱退／**物理学校に中学校理科教員志望者のための博物科を新設**／本多光太郎、新KS磁石鋼を発明
9	(1934) 年	**物理学校第3代校長中村恭平死去／第4代校長に理化学研究所の大河内正敏が就任**／超大型室戸台風上陸、被害甚大／日本の傀儡国の満州国帝政実施（皇帝は溥儀）
11	(1936) 年	2・26事件（陸軍の皇道派青年将校によるクーデター）／日独伊防共協定成立
12	(1937) 年	**物理学校新校舎落成式**／盧溝橋事件（日中戦争始まる）
13	(1938) 年	近衛（文麿）声明（国民政府を相手にせず）／国民総動員法
14	(1939) 年	軍事訓練を大学の必須科目とする／アメリカ、日米通商条約破棄を通告／第2次世界大戦始まる／名古屋帝国大学創立
15	(1940) 年	日独伊三国軍事同盟締結／大政翼賛会発足／紀元2600年記念式典
16	(1941) 年	国民学校令（義務教育8年生）／ハワイ真珠湾を奇襲（太平洋戦争始まる）／放送統制始まる／言論・出版・集会・結社等を取締まる
17	(1942) 年	米機東京発空襲／ミッドウェー海戦、日本軍損害大
18	(1943) 年	アッツ島日本軍全滅／イタリア降伏／神宮外苑で出陣学徒壮行会／徴兵適令を20歳から19歳とし、学徒兵入隊
19	(1944) 年	有珠山の噴火で昭和新山ができる／学徒軍事教育強化策決定／学徒勤労令、女子挺身隊勤労令施行／満18歳以上を兵役に編入／東南海地震
20	(1945) 年	東京大空襲／広島に原爆投下／ソ連、日本に宣戦布告／長崎に原爆投下／ポツダム宣言を受諾・無条件降伏／降伏文書に調印／財閥解体
21	(1946) 年	天皇の人間宣言／戦争関係者を公職から追放／**大河内校長も公職追放対象となり校長辞任、平川仲五郎が第5代校長に**／農地改革／日本最初の男女平等による総選挙／日本国憲法公布／仁科研究所の大型サイクロトロン（加速器）解体投機／南海地震（12月）
22	(1947) 年	教育基本法・学校教育法公布（翌年4月より6・3制の新学制実施）／日本国憲法施行
23	(1948) 年	福井地震（6月）／極東軍事裁判判決
24	(1949) 年	**本邦初の理工系単科大学、東京理科大学誕生、本多光太郎東京理科大学初代学長に**／湯川秀樹、日本人初のノーベル賞受賞
25	(1950) 年	朝鮮戦争始まる（〜'53年）／警察予備隊設置／公職追放解除

昭和 26	（1951）年	**学校法人東京物理学園と改称**／サンフランシスコ講和条約／日米安全保障条約調印
27	（1952）年	メーデー事件／明神礁の海底噴火で観測船が巻き込まれる
28	（1953）年	ＮＨＫテレビ放送開始／朝鮮戦争休戦協定調印／このころから工場廃液による水俣病が発生
29	（1954）年	ビキニ水爆被災事件／警察法・防衛庁設置法・自衛隊法成立
30	（1955）年	東大の国産ロケット実験成功
31	（1956）年	東海村に原子力研究所設置／日ソ共同宣言、日ソ国交回復／日本国連に加盟／南極観測宗谷出発
32	（1957）年	東海村に原子の火がともる／ソ連人工衛星打ち上げに成功
33	（1958）年	東京タワー完成
34	（1959）年	伊勢湾台風で東海地方大被害
35	（1960）年	日米安保新条約調印／三陸にチリ地震津波（5 月）
36	（1961）年	ソ連、ガガーリンにより人類初の宇宙飛行に成功
37	（1962）年	国産第 1 号研究用原子炉に点火
38	（1963）年	日本初の原子力発電に成功
39	（1964）年	新潟地震（6 月）／東海道新幹線開通／東京オリンピック開催／新潟県阿賀野川流域で第 2 水俣病
40	（1965）年	日韓基本条約調印
41	（1966）年	米によるベトナム戦争深刻化（沖縄から爆撃機出撃）
42	（1967）年	**野田キャンパス誕生**／宇宙平和条約に調印／公害対策基本法成立
43	（1968）年	神通川流域でカドミウム中毒によるイタイイタイ病多発
44	（1969）年	東名高速道路が全通／アメリカのアポロ 11 号が月面着陸、月面に人類の第一歩記す／東大闘争で大学が警察隊を導入
45	（1970）年	大阪万国博開催／東京の杉並区で光化学スモッグ発生／田子の浦でヘドロが問題に／公害対策基本法改正
47	（1972）年	四日市市の石油コンビナートの汚染大気で喘息患者多数発生、公害病に認定される
48	（1973）年	ベトナム戦争停戦／第 4 次中東戦争により石油価格が高騰（石油ショック）／エサキダイオードの発明で江崎玲於奈、ノーベル物理学賞
49	（1974）年	石油ショックによる狂乱物価／原子力船「むつ」放射線漏れ事故
50	（1975）年	ベトナム戦争、解放勢力による勝利で終結
51	（1976）年	金権政治の象徴ロッキード事件で田中角栄元首相が逮捕される
53	（1978）年	宮城県沖地震（6 月）／第 2 次石油ショック／ソ連がアフガニスタンに侵攻、世界に緊張高まる
55	（1980）年	日本製自動車をめぐって貿易摩擦深刻化
57	（1982）年	テレホンカード使用開始
58	（1983）年	日本海中部沖地震で津波被害（5 月）
59	（1984）年	宅配便急増、レンタルビデオカセットの流行／中曽根康弘内閣による国鉄の民営化案、米国との一層の関係の緊密化

昭和60	（1985）年	電子ゲーム機の人気爆発、ＣＤプレーヤーが普及／日航機の墜落事故
61	（1986）年	伊豆大島三原山の噴火（全島民の島外避難）／中曽根内閣による国鉄民営化法案成立／ソ連のチェリノブイリで原発事故、深刻な影響
62	（1987）年	**北海道長万部キャンパス誕生**／世界の緊張の中で米ソが中距離核ミサイルの全廃条約に調印
63	（1988）年	**学校法人東京理科大学に改称**
64	（1989）年	昭和天皇崩御（1月）
平成元	（1989）年	ベルリンの壁撤去、東欧の社会主義政権も軒並み崩壊、東西冷戦が終結
2	（1990）年	雲仙普賢岳噴火（火砕流で死者・行方不明者）／イラク軍によるクウェート侵攻
3	（1991）年	湾岸戦争勃発、米軍主導の多国籍軍に自衛隊派遣／ソ連の保守派によるクーデター突発、年末にソ連が消滅
4	（1992）年	自衛隊を海外派遣する法律が成立
5	（1993）年	**久喜キャンパス誕生**／北海道南西沖地震、奥尻島などで津波災害（7月）
6	（1994）年	向井千秋氏、日本人女性として初めて宇宙飛行に旅立つ
7	（1995）年	**山口東京理科大学開設**／阪神淡路大震災（1月）／オウム真理教による無差別テロ（地下鉄サリン事件）／パソコン用基本ソフトウインドウズ95日本語版が発売され、人気を呼ぶ
9	（1997）年	不況で公共事業の縮小のためゼネコン（総合建設会社）の倒産が相次ぐ／たまごっちが大流行
10	（1998）年	インド、パキスタンが競って核実験／不況で大型倒産、企業リストラ、失業者の増加、金融危機
11	（1999）年	日本初の原子力臨界事故が起きる（9月）
12	（2000）年	三宅島尾山噴火（全島民が島外避難）／携帯電話が大いに普及
13	（2001）年	アメリカで同時多発テロ（9月）
14	（2002）年	**諏訪東京理科大学開設**
16	（2004）年	新潟県中越地震（10月）
20	（2008）年	岩手・宮城内陸地震（6月）
22	（2010）年	平成の大合併終結、市町村数半減へ
23	（2011）年	霧島山新燃岳噴火／東日本大震災、津波災害と福島第一原発過酷事故を伴い戦後最悪の事故（3月）
24	（2012）年	東京スカイツリー完成
25	（2013）年	**葛飾キャンパス誕生**

主な参考図書・文献

『東京物理学校50年小史』(東京物理学校、1930年)
『東京理科大学100年史』(東京理科大学、1981年)
『東京理科大学八十年略誌』(東京理科大学、1961年)
『東京理科大学一〇〇年略誌』(東京理科大学、1981年)
『物理学校の伝説』(橘高重義、すばる書房、1982年)
『物理学校意外史』(西村和夫)
『理大科学ブックレット　理大を育てた人・育てられた人』(1)(2)(東京理科大学出版会、2001年)
『りだいサロン　1989・3〜2000・1』(理窓博士会)
『東京大学東京天文台の百年　1878-1978』(「東京天文台の百年」編集委員会、1978年)
『この国のかたち』(司馬遼太郎、文春文庫、1995年)
『ここは牛込、神楽坂』(牛込倶楽部、1997年)
『坊っちゃん』(夏目漱石、新潮文庫、1950年)
『貧しい理学士』(島崎藤村、島崎藤村全集第七巻、筑摩書房、1981年)
『千曲川のスケッチ』(島崎藤村、新潮文庫、1955年)
『芙蓉の人』(新田次郎、文春文庫、1975年)
『ノーベル賞の100年』(馬場錬成、中公新書、2002年、)
『山川健次郎伝　白虎隊から帝大総長へ』(星亮一、平凡社、2003年)
『白虎隊と会津武士道』(星亮一、平凡社新書、2002年)
『科学技術史』(城阪俊吉、日刊工業新聞社、1978年)

本書は『物理学校　近代史のなかの理科学校』(馬場錬成、中公新書ラクレ、2006年)を再編成し加筆したものです。

いるとの指摘があります。しかし我が国は、資源に乏しく、人材こそが最大の重要な資源です。科学・技術を用いての発展こそがもっとも大事な課題です。

理科好きの若者を増やすことが、今こそ大事なことです。身のまわりの草花を見ても、また、いろいろな動物の行動を見ても少しでも特別な関心をもって注意深く観察してみると、おもしろいことばかりです。

本シリーズは、今までに14冊刊行されてきた「坊っちゃん選書」をリニューアルして新しく刊行するものです。全国の高等学校の図書室などに置いていただきたいと願っています。東京理科大学の先生方に最先端の科学技術を含めて、おもしろく、わかりやすく説明してもらいます。

2012年6月1日

東京理科大学　学長

藤嶋　昭

東京理科大学
坊っちゃん科学シリーズ
発刊にあたって

130年以上の歴史と、在学生2万人をこえる理工系総合大学の東京理科大学はすばらしい大学です。

東京理科大学の淵源は、明治14(1881)年、東京帝国大学物理学科の卒業生によって「国家の興隆の基礎は、理学の普及発達を図るにあり」との理念と情熱を持って創設された「東京物理学講習所」(２年後に東京物理学校と改称)に遡ります。また、この「理学の普及」を揚げた建学精神は、「科学技術の創成と普及を通じた自然と人と社会の調和的発展への貢献」を掲げる現在の東京理科大学の教育研究理念に脈々と受け継がれています。

さらに、東京理科大学の評判を今も高めている理由については、以下のように言われていることによります。つまり、設立当初より「実力主義」「実学重視」を徹底し、「真の実力を身に付けた者しか卒業させない」として、東京理科大学の卒業生の「質」を保証していることです。また、従来から「理科及び数学教育」を重んじ、「理数系教員の育成輩出」を使命として明確に揚げ、レベルの高い取り組みを行っていること、などです。

中学生や高校生の理科離れが深刻な問題となっていると言われたこともありますし、大人たちの間でも科学に対する興味が薄らいで

馬場錬成（ばば・れんせい）

1940年生まれ。東京理科大学理学部数学科卒業後、読売新聞社入社。

編集局社会部、科学部、解説部を経て論説委員。退職後、東京理科大学知財専門職大学院教授、
独立行政法人科学技術振興機構・中国総合研究センター長などを歴任。

現在、特定非営利活動法人21世紀構想研究会理事長、読売新聞社友。

知的財産権、中国問題、学校給食など多方面で活躍している。

主な著書に、『C型肝炎と闘う』（講談社）、『大丈夫か　日本のもの作り』

『大丈夫か　日本の特許戦略』『大丈夫か　日本の産業競争力』（以上、プレジデント社）、

『ノーベル賞の100年』（中公新書）、『中国ニセモノ商品』『物理学校』（以上、中公新書ラクレ）、

『大村智～2億人を病魔から守った化学者～』（中央公論新社）など多数。

ブログ：http://babarensei.coolblog.jp/blog/

装丁
奥谷 晶

編集協力
岡崎 務

DTP
越海辰夫

東京《とうきょう》理《り》科《か》大学《だいがく》　坊《ぼ》っちゃん科学《かがく》シリーズ5

青年《せいねん》よ理学《りがく》をめざせ —東京理科大学物語《とうきょうりかだいがくものがたり》—

2013年8月8日　第一刷発行

編　者　東京理科大学出版センター
著　者　馬場錬成《ばばれんせい》
発行者　川畑慈範
発行所　東京書籍株式会社
東京都北区堀船2-17-1　〒114-8524
03-5390-7531（営業）／03-5390-7455（編集）
URL=http://www.tokyo-shoseki.co.jp

印刷·製本　株式会社リーブルテック

ISBN978-4-487-80695-9 C0340
乱丁・落丁の場合はお取替えいたします。
定価はカバーに表示してあります。